ANDRÉA BRUNETTO

GORA SOU
MEDEIA
NÃO EXISTE VINGANÇA SEM ÓDIO

aller

Copyright © 2023 por Aller Editora

Publicado com a devida autorização e com todos os direitos reservados à Aller Editora.

É expressamente proibida qualquer utilização ou reprodução do conteúdo desta obra, total ou parcial, seja por meios impressos, eletrônicos ou audiovisuais, sem o consentimento expresso e documentado da Aller Editora.

Editora	Fernanda Zacharewicz
Conselho editorial	Andréa Brunetto • *Escola de Psicanálise dos Fóruns do Campo Lacaniano*
	Beatriz Santos • *Université Paris Diderot — Paris 7*
	Jean-Michel Vives • *Université Côte d'Azur*
	Lia Carneiro Silveira • *Escola de Psicanálise dos Fóruns do Campo Lacaniano*
	Luis Izcovich • *Escola de Psicanálise dos Fóruns do Campo Lacaniano*
Revisão técnica	Fernanda Zacharewicz e William Zeytounlian
Capa	Wellinton Lenzi
Ilustração de capa	"Medea, con los hijos muertos, huye de Corinto en un carro tirado por dragones", de Germán Hernández Amores.
Diagramação	Sonia Peticov

1ª edição: novembro de 2023

Dados Internacionais de Catalogação na Publicação (CIP)
Ficha catalográfica elaborada por Angélica Ilacqua CRB-8/7057

B919a	Brunetto, Andréa
	Agora sou medeia: não existe vingança sem ódio / Andréa Brunetto. — São Paulo: Aller, 2023.
	112 p.
	ISBN 978-65-87399-60-7
	ISBN *ebook*: 978-65-87399-61-4
	1. Psicanálise 2. Medeia (Mitologia grega) 3. Tragédia grega I. Título
23-6191	CDD: 150.195
	CDU 159.964.2

Índice para catálogo sistemático
1. Psicanálise

Publicado com a devida autorização e com todos os direitos reservados por

ALLER EDITORA
Rua Havaí, 499
CEP 01259-000 • São Paulo — SP
Tel: (11) 93015-0106
contato@allereditora.com.br

Para A. J.
É o teu rosto que eu desenho no voo da luz.

Para Osni,
irmão amado, que nos faz tanta falta.

Que pássaro ébrio nascerá de tua ausência
tu a mão do poente misturada ao meu riso
e a lágrima transmutada em diamante
galga a pálpebra do dia
é a tua fronte que eu desenho
no voo da luz
E teu olhar
se vai
sobre a onda que voltou
uma noite de areia
Meu corpo não é mais esse espelho que dança
então me lembro.

Tahar Ben Jelloun

Tudo é possível com as palavras,
elas são mesmo o necessário,
é o que necessita o encontro do impossível.

Jacques Lacan, seminário 21,
Os não-tolos erram.

SUMÁRIO

APRESENTAÇÃO   9
INTRODUÇÃO   15

    Capítulo 1: A TRAMA   21
    Capítulo 2: O JURAMENTO   29
    Capítulo 3: O ÓDIO   43
    Capítulo 4: O AMOR   54
    Capítulo 5: A VINGANÇA   67
    Capítulo 6: O IRMÃO   83
    Capítulo 7: A DESTERRADA   92

CONCLUSÃO   105

APRESENTAÇÃO

Andréa escreve do lugar de uma analista que transmite a articulação teórico-clínica da psicanálise reinventando a tragédia de Medeia; mas também do lugar de analisante, quando oferece generosamente e com muita coragem um percurso que enlaça o processo analítico e a escritura.

A despeito do título que aponta ódio e vingança, o livro expõe uma história de amor. Assim como os autores gregos, como Eurípides, ou romanos, como Ovídio, escolhem Medeia para falar de amor, a autora se assenta na psicanálise para exemplificar o preço a ser pago por uma paixão desmedida.

Seu livro é dividido em capítulos nos quais podemos encontrar a elucidação de vários conceitos da experiência psicanalítica abordados com rigor ético. Ela os aproxima da obra trágica sem perder o aspecto literário, a arte da palavra, e esse é o valor especial dessa obra. Sem dúvida, Andréa consegue colocar Medeia no divã, teorizando e investigando seu desejo, sua posição de objeto, sua denúncia do gozo, revisitando autores e suas diversas interpretações da tragédia. Sem perder o fio condutor de seu trabalho analítico de interpretação, invenção e construção lógica com os conceitos, ela atualiza a tragédia, ampliando seus limites nessa permuta de saberes com uma fina elaboração literária. A ponto de, ao lançar essa nova perspectiva sobre *Medeia*, nos oferecer um livro que pode ser lido por qualquer leitor, versado ou não no saber psicanalítico.

O psicanalista é sujeito quando escreve, quando transmite e quando pensa a psicanálise. É nesse sentido que Andréa nos leva a viajar com ela pela Tessália, Cólquida, Corinto, transportando a bagagem que foi extraída de sua análise nas modalizações de sua escrita, em seu estilo, em sua assinatura do texto que ultrapassa diversas abordagens de casos clínicos.

Na introdução somos apresentados a Medeia em suas múltiplas facetas: a jovem que se apaixona por Jasão e o segue; a mulher que odeia desmedidamente e sacrifica seus filhos para atingir seu pai; a mulher verdadeira em seu ato; a estrangeira, bárbara e negra segregada pelos gregos; a filha de um rei; a neta de um deus que denuncia a falta de pudor dos gregos e a culpada, que matou seu irmão e seus filhos, atentando contra a filiação de vários reis; a desterrada, ela mesma uma entre muitas.

No primeiro capítulo sobre a trama, Andréa faz aportes psicanalíticos freudianos comparecerem na peça de Eurípedes ao escrever sobre as diferenças inventadas pelos homens para segregar e vai além quando demarca o lugar de Medeia e sua ética.

Logo em seguida, no capítulo segundo — "O juramento" —, a autora nos guia por seu exaustivo trabalho de pesquisa entre os autores que se dedicaram ao estudo da peça. Ela ainda articula aqui as fórmulas da sexuação de Lacan a partir das categorias lógicas de Aristóteles, para apontar uma Medeia fálica, odiosa e que aposta nos juramentos. A autora, muito inspirada, chama sua Medeia de lacaniana pois ela denuncia o despudor dos gregos que nada querem saber da castração. Trata-se de um tópico que ensina como extrair a incidência de uma prática clínica — é uma verdadeira orientação das balizas da feminilidade.

A seguir, Brunetto escreve sobre o ódio, aproximando Medeia de Cila — a ninfa belíssima, objeto do amor desmesurado de Glauco, que Circe transforma numa figura aterrorizante com gritos medonhos de dor. A ninfa, assim como Medeia, emite lamentosos alaridos e é por essa via que a autora toma Freud e Lacan para exemplificar os conceitos de pulsão, objeto alarido, ódio e as muralhas do impossível do amor.

A partir daí, Andréa escreve sobre o amor, dedicando a ele o quarto capítulo. Nele aparece a Medeia-mãe, aquela que atinge seu alvo negando sua descendência: uma lição de amor. Jasão é colocado na posição de amar seus objetos perdidos, seus filhos. Nesse momento, são trabalhados o caso da Jovem Homossexual e o caso Dora em Freud para acompanhar o desenvolvimento que Lacan faz do amor cortês como o cúmulo do amor, esboçando o impasse do amor de Jasão — aquele que não ama. Medeia como a não-amada que, aspirando estar num lugar de ideal, se torna triste por não ter esse véu do amor e passará a amar seus filhos quando perdidos. Mas Lacan já havia advertido que o amor seria uma suplência da "ausência da relação sexual, onde fingíamos que éramos nós que lhe impingíamos obstáculos". A busca de Medeia pela realização do amor esbarra na impotência do amor.

A vingança, tema do capítulo cinco, é abordada desde o ato de Medeia e as que aparecem nas histórias clínicas de Freud. Em um apanhado inédito, Andréa questiona, a partir de Schreber, se nos psicóticos não apareceria esse desejo da vingança dirigido aos pais, já que o que se vê na experiência clínica é um amor que vira ódio que, por sua vez, desemboca na vingança ou na neurose.

O capítulo seis, "O irmão", me tocou profundamente e é nele que a autora explora a homologia entre as tragédias de Eurípedes e de Sófocles para estabelecer uma distinção entre Antígona e Medeia. Apesar de ambas as tragédias figurarem o amor ao irmão, Antígona está disposta a morrer para respeitar Polinice, ao passo que Medeia lamenta o que fez a seu irmão. Deixo aos leitores o sabor da descoberta, apenas um pequeno *spoiler* que diz do irmão ser parte da "barulheira familiar", das "tralhas" da convivência nas quais o sujeito se agarra para ter um chão, ser menos desterrado, menos estrangeiro, como foi o caso de Medeia e do próprio Ovídio.

É a Medeia desterrada que aparece no capítulo sete. Ela trai o pai, abandona seu reino, mata o irmão, esvazia sua própria vida para seguir o marido estrangeiro. A paternidade e a tragédia de Édipo são trazidas para demonstrar a questão da paternidade que Lacan sustenta no *RSI*: "o que enlaça o sujeito criança no discurso é um pai desejante, em falta que pagou o preço da castração e toma uma mulher como causa de desejo." Ainda nessa parte da obra, é discutido o desterro do sujeito quando faz sua passagem de analisante a analista e pode testemunhar o que encontra no final é o *des*ejo e sua causa irrefutável, o objeto *a*.

O arremate final, ou a chamada conclusão, nos deixa aguardando a próxima construção clínica que, como essa, nos delicia com a articulação singular e poderosa de uma escrita transparente e orientada, ao mesmo tempo em que nos ensina sobre o lugar do psicanalista na experiência clínica

APRESENTAÇÃO

a partir da incursão metafórica em Medeia. Andréa nos lega questões pertinentes e atuais nos caminhos percorridos por ela nessa viagem: o lugar do psicanalista na *polis*, que reflete a contribuição da psicanálise indicando o encontro sempre faltoso; a escritura do caso clínico numa argumentação provocativa e inovadora que aporta na relação entre a psicanálise e a literatura; e, por fim, nos relembra a pergunta de Lacan: "aquilo que a psicanálise nos ensina, como ensiná-lo?". Isso vamos verificar nas páginas desse livro vivo e essencial!

ALBA ABREU

INTRODUÇÃO

Como se começa a escrever um livro? Surgiria ele primeiro mentalmente, com os capítulos esboçados, um percurso, ou somente como uma pergunta que depois vai criando vida na vida de sua autora? E por que uma autora que não publicava um livro há quase dez anos, depois de seu último livro — aliás, pouquíssimo tempo depois — já consegue escrever outro? Em 2022, havia terminado de escrever *O Diabo e suas máscaras* — já o havia enviado à editora — quando, numa caminhada matinal, surgiu-me a pergunta: por que Dante Alighieri não colocou Medeia no Inferno? Explico-me: para escrever *O Diabo e suas máscaras* reli detidamente o *Inferno*, da *Divina Comédia*, de Dante. Nele, Dante não colocou a personagem mítica e, também, famosa pela peça de Eurípedes, Medeia, no círculo dos luxuriosos, no qual estão aqueles que amam demais. Lá estão Dido, Semíramis, Helena e outras tantas mulheres que pagaram um preço alto por amar demasiado um homem. Medeia tampouco está no círculo dos vingativos. E logo ela, essa personagem que ficou tão conhecida por não ter limites do que sacrificar para concretizar sua vingança... No círculo dos movidos pelo poder e dinheiro, Dante colocou Jasão, seu "pérfido esposo", e escreveu que Medeia poderia se sentir vingada[1]. Assim começou esse livro: com uma pergunta que ficou obsedando sua autora por semanas.

Então, voltei a ler a peça Medeia, de Eurípedes, bem como a versão do escritor latino Sêneca, escrita séculos depois da primeira. Fui consultar também as obras de Ovídio que versavam sobre Medeia, e os tratados de mitologia grega. Sem falar, ainda, outros tantos escritores gregos clássicos. Assim, de um livro escrito para outro, de um mês para outro, passei da personagem do Diabo para a de Medeia. Ou, tomando sobre outro viés, escrevi sobre o ódio e, agora, o relaciono com a vingança.

Medeia é uma personagem mítica grega que aparece em muitos poemas e epopeias dos escritores clássicos, décadas antes de Eurípedes escrever sua peça, mas a personagem que mata os próprios filhos é uma criação de Eurípedes. Ela teve seu nome ligado à expedição dos argonautas e também a outros poemas. O longo poema *Argonáuticas*, de Apolônio de Rodes, escrito no Século III a.C., é um relato mítico sobre a navegação dos gregos no Mar Negro, uma descrição poética de um período de colonizações em que a Grécia era o centro do mundo. Jasão, com outros tantos heróis gregos, vai com seu navio de Argo à Cólquida resgatar o Velocino de Ouro[2].

---

[1] BRUNETTO, Andréa. *O Diabo e suas máscaras. A tríade infernal do desejo*. São Paulo: Aller Editora, 2023, p. 111.

[2] Velocino de Ouro, velo de ouro, tosão de ouro. Não há unanimidade de tradução dessa lã de carneiro. É a lã de ouro de um carneiro voador, que serviu a Frixo, filho de Atamante, para atravessar o mar e chegar à Cólquida, depois do Mar Negro. Chegando lá, ele sacrificou o carneiro e o ofereceu como uma oferenda a Zeus. Já o ouro, consagrou ao deus Ares e o cravou num carvalho, no bosque sagrado do deus da guerra. E o deixou para o rei Eetes, pai de Medeia, guardar. Resgatá-lo seria impossível a um homem, mas Jasão só conseguiu levá-lo de volta à Grécia por causa da ajuda de Medeia.

INTRODUÇÃO

Em 431 a.C., Eurípedes escreveu sua peça *Medeia* tornando famosa a princesa da Cólquida. Pelos relatos anteriores à peça, sabemos que ela se apaixonara por Jasão por ter sido flechada por Eros a fim de ajudar os gregos em sua expedição. Por isso, ela trai o pai, o rei, mata um irmão, perde sua família e o solo pátrio, tudo de uma vez. Anos depois, quando chega a Corinto com Jasão e seus dois filhos, ele a abandona para se casar com a filha do rei Creonte. Jasão a quer longe de Corinto: pede que ela vá se exilar em outro lugar. Ao que ela lhe responde: "Não tenho para onde voltar, fiz tudo por você e fechei todos os caminhos para mim". No começo da peça, Medeia está querendo se matar: solta profundos lamentos, odeia desenfreadamente Jasão, reclama do lugar subjugado que uma mulher ocupa na sociedade grega. Alega que, para uma mulher, abandonar um marido era algo escandaloso, mas que Jasão, de sua parte, podia ser pérfido e estava tudo certo. "E eu, abandonada, proscrita, sou ultrajada por esse homem; arrancada a uma terra bárbara, não tenho mãe nem irmão nem parente para encontrar junto deles um porto de abrigo nesta tempestade"[3].

Essa mulher sofredora, que começa a peça devastada, realizando o objeto *a* que foi para Jasão, refugada, "dá a volta por cima" literalmente, pois sairá voando na tragédia, transportada numa carruagem de Hélio, o deus sol, seu avô. Ela tem muitas facetas: há a jovem que seguiu Jasão no começo

---

Cf. BRANDÃO, Junito. *Mitologia grega*. Volume III. 3ª Edição. Petrópolis: Vozes, 1990, p. 177. Creio que esse Velocino de Ouro é um ágalma, objeto brilhante e divino em que se acentua sua função de fetiche.

[3] EURÍPEDES. *Medeia*. Trad. Miroel Silveira e Júnia Silveira Gonçalves. São Paulo: Editora Abril Cultural, 1976, p. 15.

de uma história de amor. Ovídio escreveu, colocando em sua boca, as mais belas frases de amor: "Te vi e me perdi. Tu eras belo, e ademais me arrastava à minha sina; teus olhos me roubaram o olhar."[4] Há também a Medeia que odeia desmedidamente e sacrificará seus filhos para atingir o pai deles. Ovídio sequer nomeia o crime que ela cometerá. Sustenta que é algo que não se pode escrever, um crime inominável. Essa Medeia que escreve para o marido inundada de ódio, em que o véu sobre o objeto foi retirado, enxerga melhor quem é Jasão. Por isso, Lacan sustentou que o ódio era uma paixão mais lúcida que o amor. Falarei sobre isso no livro: em um capítulo, sobre a paixão do amor; em outro, sobre a paixão do ódio.

Há a Medeia mulher verdadeira em seu ato, como escreveu Lacan, em seu texto sobre André Gide, "A letra e o desejo"; há a Medeia estrangeira, bárbara, negra — assim considerados pelos gregos todos os colquidianos. Há a Medeia filha de um rei e neta de um deus e que denuncia a impudência dos gregos, que só respeitavam as conquistas, o ouro e o poder, agindo sem ética, sem respeito aos juramentos e aos deuses. Um capítulo desse livro versará sobre os juramentos.

E há também a Medeia culpada, que matou o irmão e os filhos. A Medeia que atenta contra a filiação de vários reis. A Medeia feiticeira, com saber sobre a magia, os venenos e poções, poder sobre o tempo e os ventos; vidente. Há, ainda, a Medeia desterrada. Inicialmente, pensei em nomear um capítulo "A estrangeira", mas depois de ler os livros que Ovídio escreveu no exílio — *Tristia* e *Epistolae ex Ponto* — e

---

[4] OVÍDIO. *Cartas de las heroínas*. Trad. Ana Pérez Veja. Madrid: Editorial Gredos, 1994, p. 108.

perceber como ele se identificava com ela, alegando ser um desterrado com Medeia, intitulei esse capítulo final "A desterrada". Quanto ao nome deste livro, faz referência a uma frase da peça de Sêneca. Medeia, após seu ato inominável, diz *Medea nunc sum*. "Agora sou Medeia", em latim. Frase de impacto cujo sentido é o de que Medeia é a que realiza a vingança — nesse momento ela é mais ela mesma. Medeia, uma e muitas.

Por tudo isso, Medeia ocupou meus pensamentos por meses e foi a partir dela que, no XXII Encontro Nacional da EPFCL Brasil, que tinha por tema "As paixões do ser: amor, ódio, ignorância"[5], falei sobre o ódio e a vingança. Comecei com Medeia e cheguei à clínica psicanalítica. Observei, de uma forma que nunca havia feito antes, que a vingança permeava a maior parte dos casos clínicos de Freud. Dora, a jovem histérica, que se vinga de todos, menos da Sra. K. — Freud aí incluído; o pequeno Hans, menino fóbico de cinco anos que sabe que os adultos o enganam, e tece fantasias de vingança contra seus pais; a Jovem Homossexual que, ostensivamente, faz a corte a uma mulher mais velha, andando de braço dado com ela, em lugares onde seu pai pudesse vê-la. É para se vingar dele. Freud entende imediatamente que ela realiza uma vingança segundo lei de Talião; e, no caso do obsessivo Homem dos Ratos, suas fantasias de vingança são à *la* Edmond Dantès. Ou seja, estratagemas vingativos que eram consoantes com seus respectivos sintomas. Encontrei, também, as tramas de vingança em outros exemplos clínicos que Freud nos trouxe. Só não os há nos relatos sobre o Caso

---

[5] Ocorrido em Curitiba em novembro de 2022.

Schreber e sobre o Homem dos Lobos. Um capítulo desse livro é sobre essas vinganças.

Agradeço aos meus colegas do Campo Lacaniano no Brasil, com os quais tenho dialogado sobre Medeia, o ódio e a vingança desde novembro do ano passado em Curitiba. Sem essa interlocução, esse livro não teria saído. Agradeço também minhas amigas Inês Serenza, Márcia Benevides, Alba Abreu Lima, Rainer Melo, Andréa Rodrigues, Fernanda Zacharewicz, Fabiana Silvestre, Silvana Centenaro, Graça Amaral, Priscila Mariano, Marta Senghi Soares, Fátima Burlamaqui e Márcia Abreu. Algumas delas não aguentam mais me escutar falar de Medeia. Prometo, ao colocar o ponto final nesse livro, virar a página. Agradeço especialmente a Alba Abreu, pela leitura atenta a essa escrita. E, para finalizar, não poderia deixar de agradecer minha querida irmã, Maristela Brunetto: simplesmente por tudo.

CAPÍTULO 1
A TRAMA

> Ela é terrível, e, com ela, se se tem que lutar contra seu ódio, não é fácil a vitória.
>
> EURÍPEDES, *MEDEIA*

Eurípedes escreveu a peça *Medeia* em 431 a.C., mesmo ano em que Atenas começou a longa guerra contra Esparta, a Guerra do Peloponeso. Diferente de Sófocles e Ésquilo, também grandes nomes do teatro grego, Eurípedes não colocava suas personagens atormentadas como resultado do castigo divino, mas sim de escolhas humanas. "É o acaso o que governa todas as coisas entre os homens"[1]. As personagens de suas peças são mulheres, camponeses, escravos, estrangeiros, "pintando-os como seres humanos — muitas vezes mais dignos que o ateniense livre e orgulhoso de sua origem — procura mostrar que as desigualdades sociais não são naturais e que os defeitos e as virtudes não se transmutam hereditariamente."[2] Sófocles, quando Eurípedes morreu, declarou: "Eu pinto os homens como deveriam ser; Eurípedes os pinta como eles são."[3]

---
[1] EURÍPEDES. *Medeia*. Trad. Miroel Silveira e Júnia Silveira Gonçalves. São Paulo: Editora Abril Cultural, 1976, p. VIII.
[2] *Idem*, p. IX-X.
[3] *Idem*, p. VIII.

Medeia é a estrangeira, a mulher que abandonou tudo pelo amor de um homem. Abandonou sua amada pátria, a Cólquida, traiu um pai, matou um irmão e o despedaçou pelo caminho para distrair o pai, o rei da Cólquida, que reconheceu os pedaços do corpo do filho e assim Jasão escapou de sua fúria. O delírio da paixão a levou longe da casa paterna, através das duplas rochas do Ponto Euxino, ou seja, além do Mar Negro. O coro, na peça, já marca, de início, que agora habita uma terra estranha, onde teve seu leito abandonado por "um pérfido esposo"[4].

Na peça de Eurípedes, Medeia é uma mulher bonita, com um belo pescoço, mas uma voz lamentosa, longos gemidos: "solta gritos agudos sobre dolorosos infortúnios."[5] Ela não suporta a infelicidade com paciência, ela é terrível, "e, com ela, se se tem que lutar contra o seu ódio, não é fácil a vitória"[6].

Vista pelos gregos e por seu povo como bárbara, é aceita como refugiada e exilada em Corinto. Mas é uma estrangeira; o coro afirma que ela não tem para onde correr nas horas dos infortúnios. Há racismo na resistência dos gregos a ela. Quando é salientado que ela é do outro lado do Ponto Euxino, isto é uma forma de dizer que é do oriente, dos povos bárbaros, e que é negra. Heródoto, o historiador-poeta grego, escreveu sua grande obra *A História* nove anos antes de Eurípedes escrever *Medeia*. Ali, salientou que sempre lhe parecera que os colquidianos eram egípcios de origem[7], pois

---

[4] *Idem*, p. 22.
[5] *Idem*, p. 14.
[6] *Idem*, p. 8.
[7] Lacan escreve que Heródoto "um pouco disparatado, chega a pensar que a Cólquida seria uma colônia dos egípcios." In: LACAN, Jacques. *O Seminário, livro 10: A angústia*. Rio de Janeiro: Jorge Zahar Editor, 2005, p. 229.

ambos eram negros e tinham cabelos crespos[8]. Medeia é do Cáucaso, "maior sistema de montanhas, quer em extensão, quer em altitude", escreve Heródoto. Embora o pai da história não tivesse feito longas viagens, ficando no Mediterrâneo, para os gregos da época, o centro do mundo era a Grécia; o Cáucaso ficava nos confins do mundo, onde "esses povos praticavam publicamente o coito, como os animais irracionais"[9].

Heródoto atribui a esses "bárbaros" além-Mar Negro um gozo a mais, uma sexualidade desvairada e animalesca; irracional. Separar os humanos em raças é algo que a humanidade faz desde os primórdios: é a figura do estrangeiro, o que mora longe, do outro lado do Ponto Euxino, em outro continente, além-fronteiras, de outra cor, o *heteros*. Freud já nos mostrou que esse *heteros* pode ser de pequenas diferenças, mas mesmo antes da ciência encontrar diferenças justificáveis na biologia, na antropologia, nas teorias sobre o cérebro, o racismo é, antes de tudo, escreve Lacan, como se transmite, na ordem de um discurso, os lugares simbólicos que estabelecem os lugares dos mestres e os dos escravos[10]. Serviu, inclusive para "uma tentativa grotesca de fundar nisso um Reich dito terceiro,"[11] continua Lacan, em seu artigo "O aturdito". Mas, ao falar sobre racismo, não é apenas ao

---

[8] HERÓDOTO. *História*. Trad. J. Brito Broca. Rio de Janeiro: Editora Techoprint S.A., sd., p. 115.

[9] *Idem*, p. 85.

[10] O racismo se constitui pelo "modo como se transmitem pela ordem de um discurso, os lugares simbólicos, aqueles com que se perpetua a raça dos mestres/senhores e igualmente dos escravos, bem como a dos pedantes, à qual falta, como garantia, os pederastas e os cientichatos [*scients*], acrescentaria eu, para que eles não fiquem cientichateados [*sciés*]." LACAN, Jacques. "O aturdito". In: *Outros escritos*. Trad. Vera Ribeiro. Rio de Janeiro: Jorge Zahar Editor, 2003, p. 462.

[11] *Idem*, p. 462.

Terceiro Reich que Lacan faz referência. Ele também escreve sobre os gregos, que repeliram os bárbaros[12].

Não é minha intenção debater nesse momento o racismo[13] — remeto vocês ao capítulo 6, mais adiante —, mas gostaria de salientar que Medeia é vítima de racismo e isso não é abertamente declarado na peça, mas retrata o contexto histórico da época, que aparece de forma alusiva, o da colonização dos gregos sobre os povos ditos bárbaros, os do Cáucaso, de onde vem Medeia. Bonita, mas bárbara, do Oriente, estrangeira, exilada, abandonada pelo marido, e negra, como são todos os colquidianos, ainda que Heródoto tenha errado e não descendam dos egípcios.

Aliás, voltando a Heródoto, ele também escreve que os Medos — povo da Ásia Menor que habitava onde hoje é o Irã e que fazia guerra com os persas — outrora eram conhecidos como Ários, mas que, depois que Medeia, de Colcos [Cólquida], passou de Atenas para o país deles, trocaram de nome[14],

---

[12] Idem, ibidem. "Assim, prescindo perfeitamente do tempo da cervidão [no original, *cervage*, superpondo *cerveau* (cérebro) e *servage* (servidão)] dos bárbaros repelidos dali onde se situam os gregos, da etnografia dos primitivos e do recurso às estruturas elementares, para assegurar o que acontece com o racismo dos discursos em ação."

[13] Na abertura das atividades do Fórum do Campo Lacaniano do Rio de Janeiro, em 2022, Sidi Askofaré proferiu a conferência "Racismo ou psicanálise". Ele marca que a clínica psicanalítica trata os sujeitos um a um, sem discriminação em razão do sexo, de idade, de religião e menos ainda da raça. O racismo enquanto ideologia repousa sobre os postulados: "existem raças humanas; existe uma hierarquia de raças, onde nesse discurso, a desigualdade, de princípio, entre elas, dá o direito de submeter e dominar os outros, e, acessoriamente, o dever de os civilizar". ASKOFARÉ, Sidi. "Racisme ou psychanalyse". In: *Revue Mensuel*, n. 161, jun. 2022. École de psychanalysse des Foruns du Champ Lacanien France, p. 40-46.

[14] HERÓDOTO. *História*. Trad. J. Brito Broca. Rio de Janeiro: Editora Techoprint S.A., sd., p. 328.

passaram a chamar-se Medos ou Média. Coloco aqui uma questão a partir do livro de Isabelle Stengers, *Lembra-te de que sou Medeia*. Nele, Stengers assinala que "a mulher que cometeu o mais horrível dos assassinatos não só sobreviveu, como se tornou "mãe" de um povo glorioso, rival e depois aliado, submisso e depois reverenciado, do império persa"[15]. A autora, porém, esquece uma coisa: Heródoto escreveu seu livro sobre a personagem histórica anos antes e a história do assassinato dos filhos é criação literária exclusiva de Eurípedes.

A peça de Eurípedes começa com o casal vivendo exilado, na Grécia. "Corinto, onde o amor de Jasão a faz esquecer os crimes, onde lhe nascem dois filhos, onde a felicidade parece um bem conquistado para sempre."[16] Jasão, já em outras conquistas, vai se casar com outra, a filha de Creonte, o rei de Corinto. É então que começa a vingança de Medeia. Ela perdeu quase tudo e está disposta a perder esses filhos para vingar-se de Jasão. Tomará aquilo que acredita ainda ser valorizado por ele: os filhos que carregam seu nome, sua herança, sua honra. O coro antecipa que ela matará seus filhos, pois os odeia. Diz: "malditas crianças de mãe odiosa, morram com seu pai."[17]

A ama diz aos filhos de Medeia para não ficarem ao lado dela, pois está em "tempestade de alma"; pede que evitem seu "humor bravio, seus arrebatamentos de ódio e de violência."[18] E continua: "[...] já se está vendo, Medeia vai fazer

---

[15] STENGERS, Isabelle. *Lembra-te de que sou Medeia*. Trad. Hortência S. Lencastre. Rio de Janeiro: Editora Pazulin, 2000, p. 27.
[16] EURÍPEDES. *Medeia*. Trad. Miroel Silveira e Júnia Silveira Gonçalves. São Paulo: Editora Abril Cultural, 1976, p. XIV.
[17] *Idem*, p. 11.
[18] *Idem, ibidem*.

estourar em furiosa tempestade esta nuvem de lamentos que se eleva. A que excessos não se deixará levar essa alma altiva, implacável, assim dilacerada pelo sofrimento?"[19]

Acrescenta que, se alguém tem de lutar contra seu ódio, não é fácil a vitória. O que veremos: Jasão vai perder tudo[20]. Ele começa a peça com soberba e excesso de confiança, e acha que vai conseguir convencê-la a ir embora de Corinto; ele a subestima, não percebe que ela é uma tempestade de cólera.

Jasão vai até ela, tenta chegar a um acordo, percebe seu ódio e se preocupa. Culpa sua cólera por tudo que ela está passando, quer que ela parta com os filhos, vai lhe dar recursos, não quer que nada falte aos filhos dela. Resumindo: quer lhe dar dinheiro para acalmar os ânimos e, num primeiro momento, diz que os filhos são dela. Ela responde chamando-o de covarde, o mais covarde dos homens e diz que o pior dos vícios é a impudência. Ou seja, é uma forma de chamá-lo de cínico, sem caráter, despudorado. E volta a isso do pudor; o pudor abandonou a Grécia.

Ele se retratará quanto aos filhos, os chamará de seus, diz que se casará para viver na abundância, que não é por amor, são interesses de poder, que é para desposar a filha de um rei;

---

[19] *Idem, ibidem.*

[20] "A verdade é que Jasão, tendo perdido o favor dos deuses, cujos nomes havia invocado em vão ao romper seu juramento de fidelidade com Medeia, errou de cidade em cidade, execrado por todos os nomes. Em sua velhice, ele voltou mais uma vez a Corinto, e se sentou à sombra do Argo para recordar suas glórias passadas e lamentar os desastres que haviam tomado de assalto a sua vida. Ele estava prestes a se enforcar na proa quando, de súbito, o barco deslizou para a frente e o matou. Poseidon pôs então a imagem da popa do Argo, que era inocente de homicídio, entre as estrelas." GRAVES, Robert. *Os mitos gregos*. Vol. II. Tradução Fernando Klabin. Rio de Janeiro: Nova Fronteira, 2ª edição, 2018, p. 1169.

para ele, um exilado, é muita coisa. "O que importa é viver na abastança."[21] Um escravo já tinha antecipado: "O antigo amor cede lugar ao novo, ele já não ama esta família."[22] Embora Jasão diga a ela que não se trata de amor, na verdade, seu amor continua o mesmo: a abundância, o poder, as conquistas. Ele só muda os meios. Será por isso que Dante Alighieri, na *Divina Comédia*, colocará Jasão no Inferno[23].

E Jasão continua dizendo a ela que agora ela é conhecida em toda a Grécia, não é mais uma bárbara da Cólquida, e que sua ciência é reconhecida entre os gregos. Ela responde: "Não quero saber de tua glória e fortuna". "Os donativos de um malvado não são de nenhum proveito."[24]

Muitos que escreveram sobre a peça colocaram-na como uma fora da ordem que inverteu as normas sociais, ao contrário de Antígona com sua ética. Mas Medeia é aquela que clama pelos juramentos, pela palavra a ser cumprida, que denuncia a impudência dos gregos, que não se seduz com os oferecimentos de dinheiro, poder e fama que seu marido lhe promete. Ela queria amor[25], embora o coro já tenha sinalizado desde o início que o amor não deixa ninguém seguro, "não

---

[21] EURÍPEDES. *Medeia*. Trad. Miroel Silveira e Júnia Silveira Gonçalves. São Paulo: Editora Abril Cultural, 1976, p. 26.
[22] *Idem*, p. 10.
[23] BRUNETTO, Andréa. *O Diabo e suas máscaras. A tríade infernal do desejo*. São Paulo: Aller Editora, 2023, p. 111.
[24] EURÍPEDES. *Medeia*. Trad. Miroel Silveira e Júnia Silveira Gonçalves. São Paulo: Editora Abril Cultural, 1976, p. 28.
[25] Eurípedes não colocou seu amor nem seu ódio como um puro joguete dos deuses. Em muitas obras gregas, Medeia se apaixona por Jasão por uma artimanha da deusa Hera que pede a Afrodite, a mãe de Eros, que seu filho dê uma flechada em Medeia para que ela se apaixone por Jasão. Cf. HESÍODO. *Teogonia*. São Paulo: Iluminuras, 2017, p. 185.

deixa aos mortais nem honra nem virtude"[26]. O coro também acentuou sua desgraça maior: ser privada da terra natal, não ter para onde voltar na hora do infortúnio. Mas ela não vê assim: se Jasão estivesse ao seu lado, poderia ser uma exilada em Corinto. Na verdade, para Medeia, o amor é um país, uma terra, um lugar. Se ela perdeu tudo, se não tem mais consistência o chão que ela pisa é porque esse homem rompeu os juramentos que lhe fez[27].

---

[26] EURÍPEDES. *Medeia*. Trad. Miroel Silveira e Júnia Silveira Gonçalves. São Paulo: Editora Abril Cultural, 1976, p. 29.

[27] Ovídio, em suas "Cartas das Heroínas" (*Epistolae heroidum*), na décima segunda carta, a de Medeia para Jasão, ela, Medeia, escreve assim: "Ultrajado pai meu, alegra-te! Alegrem-se colcos abandonados! Tens tuas oferendas, sombra de meu irmão! Quando perdi meu reino, minha pátria e minha casa, me abandona meu esposo, que era ele todo o solo para mim." OVÍDIO. *Cartas de las heroínas*. Trad. Ana Pérez Veja. Madrid: Editorial Gredos, 1994, p. 109.

CAPÍTULO 2
O JURAMENTO

> O mais das vezes a mulher é temerosa,
> covarde para a luta e fraca para as armas;
> se, todavia, vê lesados seus direitos
> do leito conjugal, ela se torna, então
> de todas as criaturas, a mais sanguinária.
>
> Eurípedes, *Medeia*

A estória de Medeia e Jasão começa com a expedição dos argonautas. É uma lenda narrada por muitos poetas e historiadores, conta sobre a expansão da navegação grega para além do Mar Negro. Jasão é filho de Éson, seu pai reinava tranquilo, mas teve o trono tomado por Pélias, o próprio irmão. O tio queria matar Jasão, ainda criança, o herdeiro legítimo do trono. Ele escapou e, quando já adulto chegou ao tio para reclamar o trono, este propõe entregá-lo se ele lhe trouxer o Velocino de Ouro, que está com o rei da Cólquida, Eetes, pai de Medeia. No navio Argos, com muitos personagens que se tornarão heróis gregos (Hércules, Orfeu, Heitor, Teseu), Jasão parte à Cólquida.

Ovídio, no Livro VII das *Metamorfoses*, escreve a estória a partir do encontro dos dois. A filha de Eetes arde num "violento fogo" por Jasão, é uma "louca paixão" à qual ela resiste em vão. Ela mesma se pergunta qual a causa de tão grande amor. "Varre, infeliz, se puderes, do teu coração de donzela as chamas que o consomem! Se eu pudesse, curar-me-ia! Mas arrasta-me, contra minha vontade, uma força desconhecida"[1]. E à pergunta "Por que ardes de desejo por um estrangeiro?"[2], ela responde com outra pergunta: Quem seria insensível ao valor de Jasão? À sua idade, à sua nobreza? "E poderia alguém não se comover com sua beleza?"[3]

Diante das provas que seu pai impingiu a Jasão para conseguir o Velocino de Ouro, ela teme que ele não tenha sucesso. Ela, com seus poderes de feiticeira, pode salvá-lo. Se ela, podendo salvá-lo, não o fizesse, seu coração se transformaria em ferro e pedras. Ela se coloca na obrigação de salvar esse homem; o problema é que trairá o reino de seu pai. Ela teme que Jasão a traia, quer um juramento aos olhos dos deuses como garantia. "Há de dar-me antes a sua palavra e procurarei que nesse acordo sejam os deuses, as nossas testemunhas."[4] E, em seguida, Ovídio escreve que por todo lugar onde passar, "as mães, em multidão, hão de proclamá-la salvadora"[5].

Na vez seguinte que Medeia reencontra Jasão, as faces se cobrem de rubor e seu rosto se incendeia. Passa perante ela virtude e pudor. "Mas quando o estrangeiro começa a falar e lhe toma a mão e, em voz suave, lhe pede auxílio e lhe promete casamento, banhada em lágrimas, ela confessa: sei o

---

[1] OVÍDIO. *Metamorfoses*. Trad. e notas Domingos Lucas Dias. São Paulo: Editora 34, 2017, p. 363.
[2] Idem, ibidem.
[3] Idem, p. 365.
[4] Idem, ibidem.
[5] Idem, ibidem.

que vou fazer, mas me trai o desconhecimento da verdade, é o amor. Serás salvo por mim. Quando fores salvo, cumpre a tua promessa."[6]

Ele jura nos altares da deusa triforme, Hécate. Associada à magia e a feitiçaria é, também, a protetora da família. Hécate significava distante; ela circula por três mundos, terra, céu, mar e, também, Hades, o mundo subterrâneo. A todos conhecia e em nenhum dominava. Sabe sobre os três tempos, não se precipita, aguarda o tempo. Zeus a fez muito poderosa. E é para ela que Medeia leva Jasão para fazer um juramento. Há uma versão dos mitos em que Hécate é mãe de Cila, o monstro aterrorizante do Mar Tirreno. Já Circe, outra feiticeira, a que amou Ulisses, era irmã de Eetes, o pai de Medeia.

Ovídio assinala que o herói se apodera do ouro com a ajuda de Medeia e, "ufano com seu espólio, levando consigo seu segundo espólio — aquela que esse poder lhe outorgou — vitorioso, arribou com a esposa ao porto de Iolco."[7] Então, para Ovídio, o primeiro espólio é o ouro, e o segundo, Medeia. E assim continuará Medeia, segunda em relação ao amor dele pelo ouro, pelo poder. Eurípedes já salientara em sua peça: "a importância na vida é a abundância."[8] Desde a expedição dos argonautas, ufanoso e vitorioso, Jasão tem seu ouro e sua esposa feiticeira; ela, por outro lado, tinha seu objeto amado. E, assim, partem da Cólquida. Sacerdotisa de Hécate, ela amansa os mares e segue sempre salvando Jasão — até ser abandonada por ele.

---

[6] *Idem*, p. 371.
[7] *Idem, ibidem*.
[8] EURÍPEDES. *Medeia*. Trad. Miroel Silveira e Júnia Silveira Gonçalves. São Paulo: Editora Abril Cultural, 1976, p. 26.

Na peça de Eurípedes, o rei de Atenas, Egeu, está em Corinto porque tinha ido ao Oráculo de Delfos, templo de Apolo que se situa em Corinto. Era um homem sem progenitura. Ela lhe suplica que ele a acolha quando deixar Corinto. Graça a ela, ele não será mais um homem desprovido de filhos, será pai. Promete isso a ele, logo ela, que desfaz os laços entre os pais e os filhos. Já o fizera duas vezes, caminha para fazer mais duas com sua vingança e tentará, posteriormente, matar Teseu, o filho que Egeu acreditará ter gerado no retorno de Corinto para Atenas. Ele responde: "Diversas razões, mulher, me predispõem a conceder-te o favor que me pedes: primeiro, o respeito dos deuses, depois a esperança das crianças que me prometes; pois é a esse desejo que retornam todos os meus pensamentos"[9].

Ela quer que ele empenhe a palavra e ele o faz. Ela deixa claro que é uma palavra jurada que ela quer. Ela quer garantia de que ele cumprirá a palavra mesmo depois do horror da vingança que ela concretizará. Medeia aposta que há um Outro garantidor das palavras empenhadas: os deuses. Sobretudo Zeus. Mas também Têmis. Com ela, Zeus deu origem a uma filha chamada Paz e a outra chamada Justiça. Podemos pensar que até para os deuses era difícil manter a paz e a justiça com o ódio e a vingança.

Num tempo que se passara antes dos acontecimentos retratados pela peça de Eurípedes, sabemos que Medeia matara seu irmão mais novo, o esquartejara, deixando partes do corpo durante a travessia do mar para atrasar o pai, o rei Eetes, em sua fuga com Jasão. Depois, usando seus poderes

---

[9] *Idem*, p. 34.

de feiticeira, é convocada a rejuvenescer Pélias, o tio tirano, usurpador do trono que era de Jasão. Engana as filhas de Pélias dizendo que elas iriam esfaqueá-lo para que, em seguida, com suas poções, ele renascesse mais jovem. Mas era um truque e as filhas matam o pai. Depois, ainda privará Creonte de sua filha. E, em seguida, cometerá o filicídio, atacando a paternidade de Jasão. Quanto a Egeu, no *a posteriori* do momento em que termina a peça de Eurípedes, sabemos por outros poemas e epopeias que Medeia viverá em Atenas com ele, com quem se casará; ela o enganará para que mate Teseu, como se ele fosse um adversário, mas um momento antes de fazê-lo, o pai reconhece no filho suas próprias insígnias e não o faz. Eis novamente Medeia a fugir de um lugar para escapar da morte por atentado contra a paternidade. Cólquida, Corinto, Atenas; a lista dos lugares impossíveis de voltar foi crescendo[10].

---

[10] Robert Graves, em seu livro *Os mitos gregos*, faz um levantamento muito preciso de como o mito de Medeia aparece nos autores gregos, desde os mais antigos como os poetas Homero e Hesíodo; em Argonáutica, a epopeia de Jasão para conquistar o Velocino de Ouro, escrita por Apolônio de Rodes, no começo do século III a.C., nas obras de Diodoro Sículo, Apolodoro, Píndaro, Pausânias, bem como nos latinos - já no início da Era Cristã — Sêneca e Ovídio. Cito estes apenas para fazer referência aos principais. Faço aqui um resumo das muitas facetas do mito: Medeia teve muitos filhos com Jasão, "Eríope era o nome de uma das filhas. Seu filho mais velho, Medeu ou Polixeno, que estava sendo educado por Quíron no monte Pélion, governou depois o país de Média; mas diz-se também que o pai de Medeu se chamava Egeu." GRAVES, Robert. *Os mitos gregos*. Vol II. Tradução Fernando Klabin. Rio de Janeiro: Nova Fronteira, 2ª edição, 2018, p. 1165. Graves também escreve que, depois de fracassar em seu estratagema de tentar matar Teseu, o filho de Egeu, Medeia foge de Atenas e vai à Itália, ensinar ao povo marrúbio a arte do encantamento de serpentes, e será venerada por eles como a deusa Angítia. "Após uma breve visita à Tessália, onde venceu Tétis num concurso de beleza cujo juiz era o cretense Idomeneu, ela se casou com um rei asiático cujo nome caiu no esquecimento, mas que é considerado o verdadeiro pai de

Eetes, Pélias, Creonte, Jasão e quase Egeu. Todos são reis, contando que Jasão só não o foi porque teve seu trono tomado por um golpe. Por que Medeia é essa que desfaz os laços entre os pais e os filhos, logo ela que clama aos juramentos? Medeia esquarteja um irmão para atrasar um pai[11]. A lógica desse crime não é a mesma do filicídio que perpetuará contra si mesma e Jasão: privar um pai de seu objeto privilegiado? Seu irmão não estaria para Eetes como seus filhos para Jasão?

Para ela, os deuses são um Outro garantidor, por isso aposta em juramentos. "Poderoso Zeus e venerável Têmis, vede a que ponto cheguei, depois de haver pensado prender pelos mais temíveis juramentos este maldito esposo."[12] Medeia havia dito ao rei que sua ciência lhe atraía ódios, é a feiticeira, uma mulher da magia, dos poderes ocultos. Nem sua magia nem os juramentos dos deuses serviram para manter o marido[13]. Embora seja sacerdotisa de Hécate, não será a essa deusa que clamará por sua vingança, mas sim a Zeus e a Têmis,

---

Medeu." *Idem*, p. 1169. Então, o que se repete nas várias versões do mito é que Medeia teve um filho chamado Medeu, se foi com Jasão, Egeu ou com um rei asiático é que é incerto. Exemplo em que podemos lembrar claramente da frase latina *Mater semper certa est, pater semper incertus est* [Nota da editora: "A mãe sempre é certa, o pai sempre é incerto"].

[11] Esquartejar adianta ou atrasa o percurso marítimo da fuga deles? Que função tem isso no mito? É para deixar um pai sem seu filho varão porque quer tirar de um pai o que mais tem valor para ele?

[12] EURÍPEDES. *Medeia*. Trad. Miroel Silveira e Júnia Silveira Gonçalves. São Paulo: Editora Abril Cultural, 1976, p. 13.

[13] "Não conseguirão certamente fixar o amor todas as ervas que usou a feiticeira Medeia, nem os lúgubres cantos dos povos marsos, mesclados com os mágicos encantos. Se o amor pudesse ser detido com feitiços, a cólquida Medeia, princesa que nasceu nas orelhas do rio Fásis, teria possuído perpetuamente a Jasão e Circe a Ulisses." OVÍDIO. *El arte de amar*. Trad. Melchor de la Serna. Madrid: Biblioteca Luna, 2017, p. 29.

a guardadora de juramentos. "Os rios sagrados remontam à nascente. Já não existe justiça, nada mais está de pé."[14] Os rios correrem ao contrário é para marcar que inverteram a ordem das coisas. "[...] desapareceu a santidade dos juramentos, o próprio pudor já não habita a Grécia."[15]

Uma escrava diz a Medeia que deveria suportar a infelicidade com paciência, mas não, ela é aquela que não suporta infelicidade com paciência alguma. O fim é inevitável, não suportará os ultrajes do inimigo. Medeia diz que "terríveis são as paixões dos reis, menos habituados a obedecer do que a mandar, têm dificuldades em esquecer sua ira. Mais vale estar acostumado a viver na igualdade."[16] Ela não esqueceu seu sangue nobre, é a filha de um rei e é assim que se comporta. Mas tem uma diferença entre os reis e ela: ela honra sua palavra. Os reis não honram os juramentos: Pélias, o usurpador do trono do rei Éson, não o devolve a Jasão como havia prometido; Eetes não entregou a Jasão o Velocino de Ouro depois que ele venceu as provas; ele teve que tomá-lo, com a ajuda de Medeia.

Saliento algo que está na peça *Medeia*, escrita pelo latino Sêneca mais de quatrocentos anos depois da peça de Eurípedes: Medeia vê uma sombra escura que a segue, é seu irmão assassinado que clama por vingança. Ela é vítima da sordidez do marido, mas não de ter matado um irmão. Na versão de Sêneca, ela dirá a Jasão: você me deve um irmão. E ela se arrepende; após a morte dos filhos, acha que os matou

---

[14] EURÍPEDES. Medeia. Trad. Miroel Silveira e Júnia Silveira Gonçalves. São Paulo: Editora Abril Cultural, 1976, p. 22.
[15] *Idem*, p. 11.
[16] *Idem*, p. 13.

em vão. Sente vergonha. E, com os filhos mortos, o ódio desaparece. "Meu ódio abandonou-me e o amor materno reaparece inteiro em mim, afastando os sentimentos da mulher."[17] É nessa hora que dirá que seus filhos eram inocentes, como seu irmão. O ódio da mulher estará aplacado pela culpa e pelo amor de mãe e de irmã. E de filha também?

Na peça de Sêneca, Medeia afirma para Jasão que nenhum dos crimes que cometeu para salvá-lo foi feito com ira[18]. Os assassinatos e perfídias que ela cometeu para salvá-lo são culpa dele. Ele se diz inocente: "Só resta imputares-me teus próprios crimes."[19] Ela: "Sim, são teus, teus: quem aproveita um crime, desse crime é autor. Todos podem afirmar que tua esposa é infame: somente tu tens o dever de defendê-la, de proclamar sua inocência. A teus olhos deve ser inocente quem é culpado por te favorecer."[20] Andréia Moreira, em sua dissertação *Pro Medea*, salienta que Sêneca escreveu essa fala de Medeia assim: *tibi innocens sit quisquis est pro to nocens*. Há uma quase homofonia entre *innocens* e *nocens*. Dos crimes cometidos nas núpcias ela era inocente[21].

Na versão de Eurípedes, Medeia clama que seus pesares não escapem ao olhar de Zeus, apela aos juramentos feitos anteriormente. Creio que isso é um exemplo que podemos colocar à esquerda das fórmulas da sexuação, tal como Lacan propôs.

---

[17] SÊNECA. *Medeia*. Trad. G. Leoni. Rio de Janeiro: Editora Techoprint S.A., sd., p. 107.
[18] *Idem*, p. 83.
[19] *Idem*, p. 95.
[20] *Idem, ibidem*.
[21] MOREIRA, Andréia. *Pro Medea: a inocência da Princesa Senequiana*. Dissertação de Mestrado em Cultura Clássica, 2009. Faculdade de Letras da Universidade de Coimbra.

Se muitas vezes tratamos a mãe como o fálico, o lado todo nas fórmulas da sexuação, a mãe como aquela que tem seu falo no real, Medeia torna-se uma irmã desprovida de seu irmão, uma mãe desfalicizada, que fez a castração no real. Como mulher, os autores da peça, tanto Eurípedes quanto Sêneca, a mostram como poderosa. Tanto quando tinha Jasão, como quando o perdeu: terrível, uma tempestade de cólera, temida até pelos reis e deuses. Como mulher, acreditava que possuía Jasão (com ajuda dos deuses) e, depois, terá seu ódio; como mãe e irmã, ela tem somente a sua dor.

Marco isso porque não apenas os autores fazem uma separação entre a mãe e a mulher, também os psicanalistas o fazem. Lacan colocou Medeia como a verdadeira mulher, junto com Madeleine, a esposa de André Gide. Em "A Juventude de Gide ou a letra do desejo", artigo escrito em 1958, Lacan usa como primeira epígrafe a mesma que coloco na abertura deste capítulo: se seus direitos no leito conjugal são usurpados, não há criatura mais sanguinária que uma mulher[22]. Seu artigo é um debate com o livro de Jean Delay, *A juventude de Gide*. Quando Gide tinha 26 anos, e uma soma de cartas inéditas, Madeleine destrói todas as cartas recebidas dele[23], pois descobre que Gide vive um amor por um rapaz e irá viajar com ele. Lacan, comentando todos os dados biográficos relatados por Delay, escreve que Madeleine pode ter se transformado

---

[22] LACAN, Jacques. "A Juventude de Gide ou a letra do desejo". In: LACAN, Jacques. *Escritos*. Trad. Vera Ribeiro. Rio de Janeiro: Jorge Zahar Editor, 1998, p. 749.

[23] "Nessa massa deve-se levar em conta o vazio deixado pela correspondência com sua prima, transformada em sua esposa, Madeleine Rondeaux". LACAN, Jacques. "A juventude de Gide ou a letra do desejo". In: LACAN, Jacques. *Escritos*. Trad. Vera Ribeiro. Rio de Janeiro: Jorge Zahar Editor, 1998, p. 772

naquilo que Gide quis que ela fosse — isso permanece impenetrável, escreve ainda — "mas o único ato em que ela se mostra claramente distinguir-se disso é o de uma mulher, de uma verdadeira mulher em sua inteireza de mulher."[24]

O ato de queimar as cartas é um "signo de fúria" provocado por uma traição inaceitável. O "signo de fúria" de Madeleine, destruir o conjunto de cartas que Gide chamava de "meu filho", foi para abrir um vazio no ser dele, Gide, sustenta Lacan. E conclui: "Pobre Jasão que, tendo partido para a conquista do tosão dourado da felicidade, não reconhece Medeia."[25] Gide, indo para sua viagem dourada com outro objeto amado, não percebe que será golpeado no coração de seu ser.

Com as categorias lógicas de Aristóteles — necessário, impossível, contingente e possível —, Lacan vai tecer suas fórmulas da sexuação. Está às voltas com o universal, o todo e o existencial. Retomemos alguns dos termos propostos por Lacan em suas fórmulas da sexuação:

Necessário	Impossível
$\exists x \, \overline{\Phi x}$	$\overline{\exists x} \, \overline{\Phi x}$
$\forall x \, \Phi x$	$\overline{\forall x} \, \Phi x$
Possível	Contingente

Não há um universal que não deva ser contido por uma existência que o negue, sustenta Lacan em "O aturdito"[26].

---

[24] *Idem*, p. 773.
[25] *Idem, ibidem*.
[26] LACAN, Jacques. "O aturdito". In: LACAN, Jacques. *Outros escritos*. Trad. Vera Ribeiro. Rio de Janeiro: Jorge Zahar Editor, 2003, p. 450.

Com isso, ele contesta o "todos os homens são mortais" aristotélico, para, com os matemáticos (aqui, sobretudo Frege)[27], estabelecer uma exceção que faz a regra. Nesse mesmo texto, "O aturdito", chama essa exceção de o pai orangotango, mas podemos dizer, com Freud, o pai primevo, esse pai mítico de *Totem e Tabu* que tudo podia sobre seus filhos e possuía todas as mulheres. Esse é o necessário que *paratodiza* — escreve Lacan, brincando com o significante —, colocado à esquerda, na primeira linha das fórmulas da sexuação. Vou sustentar aqui que é Zeus, esse com o qual Medeia se fia para sustentar Jasão pelo fio frágil do juramento: o Outro garantidor, ou garante-dor. Isso *paratodiza* porque torna possível que para todos os homens se cumpra a função fálica, a castração. Esse "para todo homem" podemos entender como "para todo sujeito", independente de seu sexo biológico ou do gênero que tenha adotado, pois, embora Lacan tenha afirmado que o pai é o discurso da virilidade para todo homem — e não será bem aí que Medeia quer colocar fogo, tal como Madeleine? —, também disse que o que "a histérica articula, certamente, é que em matéria de bancar o *todohomem*, ela é tão capaz de fazê-lo quanto o próprio *todohomem*"[28]. Assim, do lado esquerdo, temos na primeira linha um necessário que torna possível a segunda linha: torna o falo possível. Lacan trabalha, em "O aturdito", com as quatro categorias lógicas de Aristóteles — necessário, possível, impossível e contingente — mas indo além delas — com Frege, Russel

---

[27] *Idem*, p. 457.
[28] LACAN, Jacques. *O Seminário, livro 18: De um discurso que não fosse semblante*. Tradução: Vera Ribeiro. Rio de Janeiro: Jorge Zahar Editor, 2009, p. 134.

e Cantor — para sustentar "que é impossível colocar um universal que não encontre limite na exceção."²⁹ Do lado esquerdo, com essa exceção que é o pai primevo, o todo fálico, é a exceção que faz a regra fálica. Quando Medeia está no ódio, está apostando no fálico e se garantindo com os juramentos, pois o ódio é um índice de que o Outro existe.

Do lado direito, na segunda linha das fórmulas da sexuação está o contingente: a negação do quantificador universal. O contingente: "[...] o amor mostra ser contingente em sua origem e, ao mesmo tempo, nisto que se prova a contingência da verdade com uma visada do Real."³⁰

O que Lacan marca é que Madeleine faz tanto semblante para o marido que é impossível saber quem ela é, com exceção de seu ato. O ato é verdadeiro, mas não em oposição a falso, e sim como um semblante³¹. E escrevo "impossível" para colocar na primeira linha à direita nas fórmulas. O impossível do real à direita, acima: não existe um x que diga não à castração. E então, aí está a castração, o que não cessa de não se escrever. Com seu ato — que Lacan escreveu em "A juventude de Gide..." em termos de "cavar um vazio no ser" — Medeia aponta para Jasão, e para todos os reis, que o acesso à relação sexual é sem esperança.

---

²⁹ VEGH, Isidoro. *Lectura de "L'étourdit"*. Buenos Aires: Escola Freudiana de Buenos Aires, 2007, p. 16.
³⁰ LACAN, Jacques. *Seminário 21: Os não-tolos erram/Os nomes-do-pai* (1973-74). Aula de 5 de janeiro de 1974. Inédito
³¹ "O semblante, longe de se opor ao falso, sustenta-se em uma verdade, como a mímesis — é o que se verifica na teoria lacaniana dos discursos. Não há laço social que não seja da ordem do semblante, assim como todo ato que faça realmente laço, inclusive o do analista, é da ordem do semblante." QUINET, Antonio. *Édipo ao pé da letra. Fragmentos de tragédia e psicanálise*. Rio de Janeiro: Jorge Zahar Editor, 2015, p. 141.

Logo ela que, amando Jasão, carregava em si o contingente do amor. E um amor com pudor, tão salientado por Eurípedes e Ovídio. Quando Medeia acusa os gregos de despudorados é como se dissesse que não se interessam pela castração, só querem Velocino de Ouro, poder, abundância. E complemento: filhos, pois será isso que ela tirará de todos eles. É uma Medeia lacaniana — brinco um pouco — pois Lacan sustentou que a única virtude, se não há relação sexual, é o pudor[32]. Não o poder — o pudor. Esse que ela clama, em vários momentos da peça, estar faltando aos gregos.

O pudor é um demônio, *a atterrita*, isso que justifica que na capa de seu livro *Televisão* esteja a *atterrita*, lembra Lacan. Assim, "os não-tolos erram" pode ser escrito também como "os não-pudendos erram"; invertendo a ordem das letras na palavra, Lacan mostra o tão tolo que são os despudorados: de *dupe* (tolo, pato) para *pude*, pudor. O pudor é como um véu em que, atrás, não há nada.

David Bernard escreveu alguns artigos sobre a vergonha e o pudor e fez um levantamento deles na obra de Freud e de Lacan. Relembra a "breve anedota" que Reich conta de sua curta análise com Freud: tinha vergonha de contar a Freud o que acabara de pensar. "Freud respondeu-lhe com uma voz calma: 'Fique envergonhado, mas diga!' E para que finalidade isso senão a de aprender com a vergonha e o pudor? Abre-se, com efeito, a questão da relação ética da psicanálise com os afetos de vergonha."[33] Então, seguindo Freud e Lacan,

---

[32] LACAN, Jacques. *Seminário 21: Os não-tolos erram/Os nomes-do-pai* (1973-74). Aula de 5 de janeiro de 1974. Inédito.
[33] BERNARD, David. "O signo do pudor". In: *Livro Zero: Revista de Psicanálise*. São Paulo do Campo Lacaniano — SP. N. 10, 2020, p. 18. Nesse

o autor sustenta que, no pudor, há a passagem do privado ao público, inclusive no Caso do Pequeno Hans: "Hans passará a querer fechar a porta de *seu* banheiro. Uma porta, isto é, o bater de uma presença/ausência, a qual a criança vai querer usar, então, para instalar seu cantinho. Vale ressaltar, também que, nessa idade, a criança ficará curiosa para saber o que acontece do outro lado da porta... do quarto dos pais."[34] Nessa passagem do privado ao público, o falo evidencia-se como o significante do desejo, "se definirá por estar sempre em outro lugar — em outras palavras, coisa pública."[35] Com isso, podemos falar de uma ética do pudor: há um bem-dizer que não é ganho senão pelo pudor. Mas os gregos estavam tão escrachados — nada de bem-dizer, nada de pudor. Com a psicanálise, podemos entender a denúncia de Medeia da seguinte forma: nada querem saber da castração, nada querem saber da não relação sexual. Sobretudo os reis. Esperem aí que vou lhes mostrar o vazio do ser. E sobrevêm o ato.

---

número de Livro Zero estão publicadas três conferências do autor sobre o pudor. Essa primeira, que citei, intitulada "O signo do pudor", depois "As palavras e o pudor" e, finalmente, a terceira, intitulada "A ética do pudor".

[34] BERNARD, David. "As palavras e o pudor". *In: Livro Zero: Revista de Psicanálise.* São Paulo do Campo Lacaniano — SP. N. 10, 2020, p. 22.

[35] *Idem*, p. 24.

CAPÍTULO 3
O ÓDIO

> Fala-se de não sei que montes que se
> entrechocam no meio do mar;
> de Caribdes, perdição das embarcações,
> que ora sorve, ora vomita o mar;
> e de uma Cila voraz, rodeada de raivosos cães
> que ladram no abismo siciliano?
> OVÍDIO, *METAMORFOSES*

Cila era uma ninfa de beleza extraordinária, objeto de um amor desmesurado de Glauco, o deus marinho metade homem, metade peixe, feio, deformado e sem consciência de sua fealdade. A bela fugia também desmesuradamente de seu pretendente horroroso. Ele pede ajuda da feiticeira Circe para conquistar seu objeto amado. Circe se encanta pelo amor dele pela bela ninfa e se apaixona por ele, transformando sua rival Cila num monstro horrendo, com seis cabeças, seis pescoços e garras enormes; de sua cintura saíam serpentes e uma matilha de cães que se soltavam e atacavam quem estivesse à frente. Quando toma consciência de sua forma horrenda, lamenta-se profundamente. "Cila tem uma voz horrível, e seus gritos medonhos parecem o rugido de um leão; é um monstro que faria estremecer mesmo um deus. Quando vê passar os navios no estreito, avança fora de seu antro e sai para devorar."[1] Glauco havia pedido ajuda à feiticeira Circe sobre o que fazer com tanta paixão por Cila, e diz que não é preciso extingui-la: "Não é de todo necessário pôr-lhe fim. Que Cila carregue parte desta paixão."[2] A própria Cila, assustada com sua imagem, antes de se jogar no Mar Tirreno, no estreito da Sicília, procura Glauco e chora pelo que lhe aconteceu abraçada a ele. Ele não a quer mais, o amor acabou. O que ele demandou se cumpriu: ela carrega uma parte da paixão que outrora era toda dele.

Retomando Medeia, durante a peça Eurípedes sublinha que ela grita sua desmesurada dor, "ouvi sua voz lamentosa e seus longos gemidos"[3] — são dolorosos gritos e também lamentosos alaridos[4] que não se acalmam. "Ouvimos os gritos da infeliz mulher"[5], ainda escreve o dramaturgo.

---

[1] COMMELIN. *Nova mitologia grega e romana*. Rio de Janeiro: Edições de Ouro, s/d., p. 120.
[2] OVÍDIO. *Metamorfoses*. Trad. e notas Domingos Lucas Dias. São Paulo: Editora 34, 2017, p. 733.
[3] EURÍPEDES. *Medeia*. Trad. Miroel Silveira e Júnia Silveira Gonçalves. São Paulo: Editora Abril Cultural, 1976, p. 14.
[4] Anos atrás, andando por uma cidade "repleta do Espírito Santo", como disse Lacan, cercada de doze igrejas e com praças com nomes de santos por todo o Centro Histórico, eu observava o crepúsculo com suas revoadas de pássaros — andorinhas ou estorninhos, não tenho certeza — em dança circular convulsiva pelos céus. Era exatamente o crepúsculo, nem meia hora antes, nem depois, e os pássaros faziam um alarido ensurdecedor — quase uma agonia. E, quando escurecia, os gritos loucos, sem substância, calavam-se. Completo silêncio nos céus. A minha pergunta: Por que exatamente sobre o Centro Histórico? Repleto de pessoas circulando, de turistas fotografando igrejas e comprando *souvenirs*, cheio de conversas, vozes e vozes, numa grande balbúrdia? Minha pergunta já contém a resposta. É pelo som das vozes, pelo barulho que vem do lugar, que os pássaros faziam sua dança ali e não em outro lugar. Um alarido sem palavras, só o gozo da vida.
[5] EURÍPEDES. *Medeia*. Trad. Miroel Silveira e Júnia Silveira Gonçalves. São Paulo: Editora Abril Cultural, 1976, p. 14.

O ÓDIO

Em *RSI*, Lacan pergunta: "O falo, o que é? É o gozo sem o órgão, ou o órgão sem o gozo?"[6] Esse gozo do corpo, que se diferencia do gozo fálico, é o gozo da vida. Diferente dos animais, esse gozo da vida, no humano, apela para ser civilizado pela língua. É porque habita a língua que se faz inter-dito. Em "O aturdito", para falar do incesto interdito, no qual o humano se exila, Lacan se refere ao dilúvio e à ligação proibida dos anjos com as mulheres, seu bater de asas [*aile*], sua agonia [*abois*] que faz um alarido, e escreve ailarido [*aboi*][7]. Os psicólogos podem chamar de alma [*âme*], mas ele, Lacan, escreve (*a*)larido, é o objeto *a*. Assim, o gozo da vida, nos animais, não faz a união do imaginário do corpo com o simbólico. Por isso, os animais estão num circuito de repetição sempre igual. Não é um gozo condicionado pelo simbólico, é o puro alarido do corpo. Em alguns momentos, Medeia apresenta essa disjunção: seus gritos e alaridos não conseguem se unir a palavras. É um grito mudo de simbólico. O grito provoca o silêncio: "o grito faz o abismo onde o silêncio se aloja"[8].

---

[6] LACAN, Jacques. *Seminário 22: RSI*. Aula de 21 de janeiro de 1975. Inédito.
[7] LACAN, Jacques. "O aturdito". In: *Outros escritos*. Trad. Vera Ribeiro. Rio de Janeiro: Jorge Zahar Editor, 2003, p. 455.
[8] Assim Lacan sustenta em sua aula de 17 de março de 1973 do seminário 12, *Problemas cruciais para a psicanálise*. "O sujeito demanda tudo ao Outro, que o Outro fale. Quais são os limites desse campo do Outro?" E responde citando o quadro de Eduard Munch, "O grito". "O grito impõe um reinado do silêncio.... O grito faz de alguma forma o silêncio se enovelar, no próprio impasse de onde brota, para que o silêncio daí escape." Lembra, ainda, que em Freud, no grito, aparece o *Nebenmensch*, o próximo, o mais próximo, "porque é justamente este vazio, esse vazio intransponível marcado no interior de nós mesmos, e do qual podemos apenas nos aproximar." Lacan faz nessa aula do Seminário 12 um caminho para marcar que é no silêncio do grito que aparece a mensagem do sujeito: uma certa função do objeto *a*. LACAN, Jacques. *Seminário 12: Problemas cruciais para a psicanálise*. Aula de 17 de março de 1973. Inédito.

E quando Jasão descobre que Medeia matou os filhos deles, chama-a de Cila. Antes de matar as crianças, só pelo ódio que via nela, passara a chamá-la de bárbara, estrangeira, dizendo com isso que uma mulher grega não iria se comportar assim. Porém, quando ela se torna uma filicida[9], perde para ele toda sua humanidade, passa a ser pior que esse monstro que vive escondido nos rochedos e que, quando sai, solta sua matilha de feras que devoram tudo. "Leoa feroz, um monstro mais selvagem que a tirrena Cila."[10] Ao que ela responde: "E agora me chama, se quiseres, leoa ou Cila, esse flagelo da costa tirrena. Que me importa? Eu soube, por minha vez, como era preciso ferir-te no coração."[11]

Medeia, louca em sua dor, mas não-toda louca, é Cila, fera ferida, monstro arisco, indomesticável — saiu ferida sem sufocar seus gemidos, enormes gemidos a atormentar a todos. Destruiu Jasão, sua quase-futura nova esposa, o rei,

---

[9] Maria Anita Carneiro Ribeiro, em seu livro *Um certo tipo de mulher*, define Medeia como uma obsessiva. Sabemos, na clínica, que o medo de matar os próprios filhos assombra as mulheres obsessivas, a autora observa isso e, em seu livro, escreve o seguinte: "Despojadas do investimento fálico outorgado pelo desejo que despertam no homem, são lançadas no abismo da pulsão de morte, da qual os semblantes não podem protegê-las. Ao chamar o ato de Madeleine de 'ato de uma verdadeira mulher', equiparando-o ao horror do ato de Medeia, Lacan aponta para a verdade que a mulher obsessiva mais do que a histérica, denuncia: a verdade de que o filho não é o falo". RIBEIRO, Maria. *Um certo tipo de mulher*. Rio de Janeiro: Rios Ambiciosos, 2001, p. 105.

[10] EURÍPEDES. *Medeia*. Trad. Miroel Silveira e Júnia Silveira Gonçalves. São Paulo: Editora Abril Cultural, 1976, p. 56.

[11] *Idem, ibidem*. Poderíamos também dizer Medeia histérica, por ter se colocado desde o início como a salvadora de Jasão. "Podendo salvá-lo, por que não o faria?" pergunta que ela faz, na versão estabelecida por Ovídio, de seu encontro com Jasão. E bancou todos os desejos dele, fez a mascarada para ele. E, no desfecho da estória dos dois, eis sua posição de fazer uma falta no Outro.

seus filhos e saiu viva, voando para fora de Corinto numa carruagem de seu avô, o deus Hélio.

Essa fera indomesticável do humano, essa Cila que pode haver em cada um, Freud chamou de "pulsão". Trata-se de um conceito fundamental, sua mitologia — e não a grega —; o seu caldeirão das feiticeiras e não o de Circe[12]. Uma pulsão é um estímulo que não surge do mundo exterior, não é um impacto momentâneo, mas uma força constante[13]. E como surge de dentro do organismo, não se foge dela. Nenhuma ação de fuga funciona. É essa sua ferocidade maior.

Em "As pulsões e suas vicissitudes"[14], Freud escreve que a mudança de conteúdo só é observada em um exemplo isolado: a transformação do amor em ódio[15]. E o amor comporta três opostos. "Além da antítese amar-odiar, existe a outra de amar e ser amado; além destas, o amar e odiar, considerados em conjunto, são o oposto da condição de desinteresse ou indiferença."[16] Amar e odiar, um conjunto, escreve Freud. O amar-odiar se faz presente quando aparece o objeto, quando esse objeto se faz fonte de sensações agradáveis, a polaridade amar-odiar reflete a polaridade prazer-desprazer.

---

[12] Numa versão da genealogia dos deuses, Circe é tia de Medeia, irmã de Hécate. E Cila, filha desta. Assim, Circe seria tia de Cila (e também de Medeia). Porém, em outras versões, Cila tem outras mães: na *Odisséia*, Homero a coloca como filha da deusa Crateis; em outros poemas é filha de Équidna. Para Hesíodo, Hécate é filha única, não tendo irmã.

[13] FREUD, Sigmund. "As pulsões e suas vicissitudes". In: FREUD, Sigmund. *Edição Standard Brasileira,* vol XIV. Rio de Janeiro: Imago, 1976, p. 138.

[14] Que são quatro: reversão a seu oposto, retorno em direção ao próprio Eu do indivíduo, recalque e sublimação.

[15] FREUD, Sigmund. "As pulsões e suas vicissitudes". In: FREUD, Sigmund. *Edição Standard Brasileira,* vol XIV. Rio de Janeiro: Imago, 1976, p. 154.

[16] *Idem, ibidem.*

Um pouco mais adiante em seu texto, adotará uma postura diferente, tendo em conta que tudo começa pela indiferença. No momento inicial da constituição de um sujeito, tudo lhe é indiferente. Assim, Freud estabelece a seguinte ordem: primeiro a indiferença; depois o ódio a tudo que não é o Eu e, depois, o amor. Segundo ele,

> o eu odeia, abomina e persegue, com intenção de destruir, todos os objetos que constituem uma fonte de sensação desagradável para ele, sem levar em conta que significam uma frustração quer da satisfação sexual, quer da satisfação das necessidades autopreservativas. Realmente, pode-se asseverar que os verdadeiros protótipos da relação de ódio se originam não da vida sexual, mas da luta do Eu para preservar-se e manter-se.[17]

Freud sustentou que, quando uma relação amorosa é rompida, frequentemente o ódio surge em seu lugar — eis a transformação do conteúdo. Isso mostra que o ódio tem seus motivos reais; há nesse caso, uma regressão do amor à fase preliminar sádica, e então, o ódio adquire um caráter erótico: tem a função de continuar a amar, amor enviscado no ódio.

No seminário 20, *Mais, ainda*, Lacan propõe *hainamoration* — na tradução para o português, amódio, se perde o sentido do que ele quis dizer em francês, "o enamoramento feito de ódio (*haine*)."[18] Lacan alega não conhecer nenhum amor sem ódio. E também relembra que Freud se arma com

---

[17] *Idem*, p. 159-160.
[18] LACAN, Jacques. *O Seminário, livro 20: Mais, ainda*. Trad. M.D. Magno. Rio de Janeiro: Jorge Zahar Editor, 1982, p. 122.

o dito de Empédocles "de que Deus deve ser o mais ignorante de todos os seres, por não conhecer de modo algum o ódio."[19] Dessa forma, seguindo Lacan, podemos dizer que todos os amores vão dar no mar tirreno, tendo que ultrapassar as muralhas ferozes do impossível: Cila e Caribdes[20]. Não apenas o de Medeia. Não direi Jasão, pois dele sabemos o que Eurípedes escreveu: garante que não é amor o que sente pela filha de Creonte e sustenta que só é importante na vida a opulência. Enfim, todos os amores podem passar pelo ódio, embora nem todos se transformem em vingança[21].

No seminário 11, *Os quatro conceitos fundamentais da psicanálise*, Lacan está numa transição. Este foi o seminário que ele deu na sequência daquele sobre os Nomes-do-Pai, depois da excomunhão da IPA. Aos conceitos fundamentais de Freud, inconsciente e pulsão, acrescentará a transferência e a repetição e será sobre isso que falará em 1964. Com a repetição, Freud tecerá seu mais-além do princípio do prazer, e Lacan, com o mais além de Freud, mas se servindo dele,

---

[19] *Idem, ibidem.*

[20] "Frente a Cila estava Caribdes, filha de Géia e Posidon, que era de uma voracidade insaciável. Quando Héracles passou pelo estreito que separa a Itália da Sicília com o rebanho de Gerião, Caribdes lhe roubou várias reses e as devorou. Zeus, como punição, após fulminá-la, lançou-a no mar, transformando-a num monstro, que habitava sob uma figueira brava junto a um penhasco. Três vezes por dia Caribdes absorvia grande quantidade de água, devorando tudo que nela estivesse ou flutuasse e outras tantas vezes vomitava apenas a água." BRANDÃO, Junito. *Mitologia grega*. Petrópolis: Editora Vozes, 1990, p. 311.

[21] No XXII Encontro Nacional da EPFCL Brasil, "As paixões do ser: amor, ódio, ignorância", realizado em Curitiba em novembro de 2022, sustentei que o ódio e a vingança eram irmãos gêmeos. Agora, porém, me corrijo: nem todo ódio vai dar em vingança — pode dar em indiferença, depois de um período de luto pela perda do objeto amado — mas toda vingança pressupõe o ódio. No capítulo 5, sobre a vingança, retomarei o tema.

tecerá seu conceito de Real e o objeto *a*, a realidade faltosa do inconsciente. Ao que coloca uma pergunta: a pulsão é ainda hoje um *Grundbegriff,* um conceito fundamental? Os conceitos de uma ciência mantêm-se os mesmos através dos tempos? Da época de Freud até agora, continua um conceito fundamental? Lacan responderá que sim. Freud dizia que a pulsão fazia parte de seus mitos; mas ele, Lacan não gosta da palavra mito — dirá ficção[22]. Mais adiante em seu ensino dirá fixão com x, *fixão*, ressaltando a fixação, a insistência do gozo em se repetir nos significantes, ou seja, fixão do real que fixa o impossível na estrutura da linguagem[23].

Lacan alega que "o real é o maior cúmplice da pulsão"[24]. A satisfação da pulsão é chegar a seu alvo (*Ziel*), afirmou Freud, mas isso não é simples. A pulsão se satisfaz quando encontra um objeto, mas não há um objeto que a satisfaça completamente.

> A fera sai de sua cova *querens quem devoret*, e quando ela encontrou o que ela tem para morder, ela está satisfeita, ela digere. O fato mesmo de que uma semelhante imagem possa ser evocada mostra muito bem que ela é deixada em ressonância harmônica com a mitologia, falando propriamente, da pulsão.[25]

---

[22] LACAN, Jacques. *O Seminário, livro 11: Os quatro conceitos fundamentais da psicanálise.* Trad. M.D. Magno. Rio de Janeiro: Jorge Zahar Editor, 1985, p. 155.
[23] LACAN, Jacques. "O aturdito". In: *Outros escritos.* Trad. Vera Ribeiro. Rio de Janeiro: Jorge Zahar Editor, 2003, p. 480.
[24] LACAN, Jacques. *O Seminário, livro 11: Os quatro conceitos fundamentais da psicanálise.* Trad. M.D. Magno. Rio de Janeiro: Jorge Zahar Editor, 1985, p. 71.
[25] *Idem*, p. 157.

Quaerens quem devoret, "procurando quem devorar", está na primeira Epístola de São Pedro: "Estejam alertas e fiquem vigiando porque o inimigo de vocês, o Diabo, anda por aí como um leão que ruge, procurando alguém para devorar."[26] Na pulsão, o estado de satisfação é paradoxal. O caminho passa por duas muralhas do impossível: o real dessexualizado, que Freud chamou pulsão de morte, e a realidade da libido, que passa pelo princípio do prazer. "O princípio do prazer se caracteriza mesmo por isso que o impossível está ali tão presente que ele jamais é reconhecido como tal."[27]

A pulsão é insaciável, nenhum objeto pode satisfazê-la, o objeto é o mais variável possível. Nisso, Lacan está sendo absolutamente freudiano. Com isso podemos acrescentar: a fera não sai da toca e já tem seu objeto a devorar. A fera, a leoa, Cila, Caribdes, que saem de seu antro e tentam devorar o que estiver à frente, não se satisfazem com tudo o que devoram. Por isso a mitologia serve bem a Freud para explicar a pulsão, sustenta Lacan.

Equilibrar-se entre as muralhas do impossível, Cila e Caribdes, parece ser uma expressão comum no começo do século passado, e mesmo no século XIX, para exemplificar quando alguém sai de uma situação difícil e cai em outra pior[28]. Freud a usa em alguns momentos de sua obra quando

---

[26] I Pedro 5:8. *Bíblia Sagrada*. São Paulo, Editora Paumape Limitada, 1979, p. 1707.

[27] LACAN, Jacques. *O Seminário, livro 11: Os quatro conceitos fundamentais da psicanálise*. Trad. M.D. Magno. Rio de Janeiro: Jorge Zahar Editor, 1985, p. 159.

[28] "As sindrômades são o Cila e o Caribdes da existência. A terra esmagadora, estampada no rochedo, sendo o símbolo da banalização, os dois recifes espelham a dupla ameaça que paira sobre qualquer empresa: a intemperança e a tirania. A nau Argo escapa por pouco da emboscada, mas, presságio

fala das profissões impossíveis. Quando escreve do impossível da educação, sustenta que é preciso se manter entre a Cila do deixar agir à vontade e a Caribdes da não-permissividade[29]. Também em "A questão da análise leiga", discorrendo sobre a sexualidade infantil e a educação, acredita que "estamos diante de uma nova Sila[30] e Caríbdes."[31]

Podemos dizer que a pulsão não está na toca para se esconder, não se esconde dela, pois seu estímulo é interno e tem força constante. Mas isso não quer dizer que ela devore tudo, que qualquer coisa é devorável. É preciso ver o *menu*, jocosamente salienta Lacan. Ela é como um dínamo que transforma a energia. O dínamo que transforma a energia é nosso corpo, com suas bordas remelentas, as pálpebras, seus orifícios[32], escreve Lacan. É o *bios*, o arco da vida circula o biológico e faz dele zona erógena.

Por isso Lacan se serve da frase de Heráclito: do arco o nome é vida e a obra é a morte. A pulsão contorna seu objeto, não o aprende de frente, devorando-o — é no trajeto de arco que se satisfaz. Mas Cila-Medeia não, não contornou nada, apreendeu o impossível de frente. E sucumbiu ao ódio realizando sua vingança. O imaginário pode ser louco, devastador.

---

funesto, uma parcela da popa é arrancada." BRANDÃO, Junito. *Mitologia grega*. Petrópolis: Editora Vozes, 1990, p. 197.

[29] FREUD, Sigmund. "Explicações, aplicações e orientações". In: *Edição Standard Brasileira*. Vol XXII. Rio de Janeiro: Imago, 1976, p. 182.

[30] Por vezes o nome da ninfa que se transmutou em monstro é grafado, em português, com C; por vezes com S.

[31] FREUD, Sigmund. "A questão da análise leiga". In: *Edição Standard Brasileira*. Vol XX. Rio de Janeiro: Imago, 1976, p. 247.

[32] LACAN, Jacques. *O Seminário, livro 11: Os quatro conceitos fundamentais da psicanálise*. Trad. M.D. Magno. Rio de Janeiro: Jorge Zahar Editor, 1985, p. 160.

Acalmar a cólera, como lhe é aconselhado pelo Coro, talvez a fizesse perceber que Jasão nem valia a pena como objeto, nem era esse que a satisfaria toda, como nenhum objeto o é. Gosto muito como Ovídio escreveu nas suas *Metamorfoses*: depois de apresentar as muralhas do impossível — epígrafe desse capítulo — Medeia sai da Cólquida com Jasão no começo de uma história de amor: "Seguramente que, ao ter o que amo e protegida no regaço de Jasão, poderei seguir pelo mar infindo."[33] Assim, a esperançosa Medeia acreditava-se protegida dos raivosos rochedos do impossível: o amor e o regaço de Jasão a protegeriam. Um amar infindo é impossível, um amor sem amarras é esperança vã; eles não se amariam nesse mar infindo, porque a relação sexual não cessa de não se escrever. No começo da peça de Eurípedes, ele já está navegando em outro mar e ela se afogando no ódio. Lacan brinca que com o amor vamos dar com um galo na testa; nessa história é até pior: com dois rochedos e um abismo.

---

[33] OVÍDIO. *Metamorfoses*. Trad. e notas Domingos Lucas Dias. São Paulo: Editora 34, 2017, p. 367.

CAPÍTULO 4
O AMOR

> Entre o homem e o amor,
> existe a mulher.
> Entre o homem e a mulher,
> existe um mundo.
> Entre o homem e o mundo
> existe o muro.
> ANTOINE TUDAL

Lacan salientara o caráter imaginário do par amor-ódio, de que não existe seguro de amor, porque também seria seguro do ódio[1]. A mola do amor é um saber que visa ao ser, mas dirá também que o ódio toca mais o ser que o amor, é um afeto do real. Por isso é mais lúcido. O amor tem uma função de véu em relação ao Outro, é um encobrimento. Já o ódio não.

Andamos às cegas no amor e batemos a cabeça no muro — *amuro* — é para dizer que o amor não se resolve no imaginário. "Não está feito para se abordar pelo imaginário."[2] Se fosse, teria regras. Mas não, ele é gozo e toca o corpo, o mistério do corpo gozante. É um cancro, alega Lacan. "Talvez, para

---

[1] LACAN, Jacques. "O aturdito". In. *Outros escritos*. Trad. Vera Ribeiro. Rio de Janeiro: Jorge Zahar Editor, 2003, p. 477.
[2] LACAN, Jacques. *Seminário 21: Os não-tolos erram/Os nomes-do-pai*. Aula de 12 de dezembro de 1974. Inédito.

se ter uma ideia saudável do que é o amor, fosse preciso partir de que quando se joga, mais seriamente, entre um homem e uma mulher, é sempre com a aposta da castração."[3]

Lacan refere-se em vários momentos de seu ensino ao poema de Tudal: entre o homem e a mulher, há o amor. E há um mundo e, no mundo, há um muro, *mur*, em francês é quase homófono com amor, *amour*. Em seus seminários no Hospital Sainte-Anne, intitulado *O saber do psicanalista*, Lacan afirma que à frente dos muros estão as fissuras, não apenas da fala, mas do discurso. Na frente dos muros acontecem os discursos — as pichações, também — mas o que os sustentam, os discursos, é o objeto *a*, (*a*)muro. Lacan lembra que Leonardo Da Vinci pedia a seus alunos que olhassem melhor o muro, que em determinado lugar é um pouco sujo, em outro tem manchas de mofo.

> Bem, se vocês acreditam em Leonardo, se há uma mancha de mofo, é uma bela ocasião para transformá-la em Madona ou então em atleta musculoso — isso sim, é melhor ainda porque, no mofo, há sempre sombras, buracos — é muito importante perceber que há uma porção de coisas nos muros que se prestam às figurações, à criação da arte, como se diz.[4]

Buraco e sombras parecem boa alegoria, bons exemplos das fissuras do real. À frente dos muros acontecem os discursos, figurações. O que tem é a fala e a linguagem, "isso serve para ressoar a lira do desejo, no erotismo, para chamar

---

[3] LACAN, Jacques. *O saber do psicanalista*. Seminários de 1971-72. Aula de 6 de janeiro de 1972. Inédito.
[4] *Idem*. Aula de 3 de fevereiro de 1972.

as coisas pelos nomes."[5] A consistência do muro-amor é ter sentido, mas ele tem fissuras; ele tem um além. "Além do muro não há senão esse real que se assinala justamente pelo impossível, o impossível de se atingir além do muro."[6] O amor que se evidencia nas fraturas das paredes (*murs*) só deve se esperar dele um galo na testa. E Lacan também, alegou que tudo que se se escreve reforça o muro[7].

Há um furo, um desarmônico que as palavras não completam; os juramentos não se cumprem. Quando as fissuras se tornam tão grandes, caem os juramentos: por mais palavras empenhadas, juramentadas pelo homem, pela mulher, diante de Zeus garantidor, de Têmis, a justa, há algo que não se escreve. Medeia queria mostrar a Jasão que o que importa é o amor. E só o que ela encontra são homens que dão mais valor ao poder, a um reino, do que ao amor; mais valor à paternidade do que ao amor. Egeu não foge à regra, pelo contrário, dirá isso claramente: é para onde vão todos os seus desejos. Se para o homem o amor caminha sem dizer é porque lhe basta seu gozo — o gozo o recobre todo, alega Lacan — já o gozo da mulher não caminha sem dizer a verdade. Assim, Medeia cava o vazio em Jasão tirando sua paternidade, para ele, um filho destituído de um trono que era seu e que daria a seus filhos a realeza — não a sua, tomada por Pélias, mas outra, a de Corinto. Medeia lhe joga na cara o real da castração. Nem uma esposa que será rainha, nem o amor, nem filhos, nem ser rei, nada preenche o ser. Nem Zeus, nem juramentos, nada preenche o ser, nada faz escrever o que não se escreve.

---

[5] *Idem, ibidem.*
[6] *Idem, ibidem.*
[7] LACAN, Jacques. *Seminário 22: RSI.* Aula de 3 de janeiro de 1975. Inédito.

Ela responde às promessas de ganhos de ouro e abundância que Jasão lhe faz, caso acalme sua ira, com frases como essa: "Não, não quero saber de uma glória que eu pagaria tão caro, de uma fortuna que me despedaçaria o coração."[8] O ser tem mais proximidade com o coração despedaçado do que com ouro e glórias, e ela já sabe por que já está despedaçada de ódio e de perda.

Lacan afirmou que o sentimento de Gide por sua prima "foi mesmo o cúmulo do amor, se amar é dar aquilo que não se tem e se ele lhe deu a imortalidade."[9] Escreve, em seguida, que o amor tomou corpo "no ponto em que a morte já havia substituído o objeto faltante"[10]. Isso vale também para Medeia: é um amor pelos filhos quando já não mais os têm. Seria esse o "cúmulo do amor"? Amar o objeto como perdido? Lacan concorda com Jean Delay de que, para Madeleine, esse amor teria que permanecer irrealizado. Cavar um vazio no ser de Jasão é para causar um amor. O ser não é nada e isso desemboca no amor, sustenta Lacan. É um dizer. Um acontecimento[11].

Na peça de Eurípedes, Jasão começa a discussão com Medeia pedindo que ela deixe Corinto com seus filhos, os dela; depois diz "os nossos". E depois que os perde, eles serão esse buraco, um vazio, um amor pelos objetos perdidos, objetos *a*. O cúmulo do amor é amar o objeto como perdido, é

---

[8] EURÍPEDES. *Medeia*. Trad. Miroel Silveira e Júnia Silveira Gonçalves. São Paulo: Ed. Abril Cultural, 1976, p. 27.
[9] LACAN, Jacques. "A juventude de Gide ou A letra do desejo". In: *Escritos*. Trad. Vera Ribeiro. Rio de Janeiro: Jorge Zahar Editor, 1998, p. 766.
[10] *Idem, ibidem*.
[11] LACAN, Jacques. *Seminário 21: Os não-tolos erram/Os nomes-do-pai*. Aula de 18 de dezembro de 1973. Inédito.

como a Medeia-mãe passará a amar seus filhos: "eles já não vivem, eis o que me dilacera o coração."[12]

A relação sexual se abisma no *non-sens*. O amor de Medeia suturava o buraco. Ela se abancou ali, no lugar do amor, mas "a mulher só pode amar no homem [...] a maneira com que ele enfrenta o saber com que ele alma."[13] Quantas vezes aparece na peça que ela queria atingi-lo no coração? Depois, ele diz que está com o coração dilacerado. É do amor que se trata. Ela o atinge no que é importante para ele, os filhos, e que ele passe a amá-los como objetos perdidos, *a*. Antes, era como ⬜ que os amava. É realmente uma lição sobre o amor o que Medeia dá. Com ódio e vingança, mas, ainda assim, uma lição sobre o amor. Como a lição que a Jovem Homossexual dá a seu pai fazendo, ao estilo do amor cortês, a corte à Dama de má fama: é um amor por nada. Durante a adolescência da Jovem Homossexual, sua mãe ficara grávida novamente. A filha se ressente, gostava de cuidar de crianças pequenas, mas para completamente de fazê-lo no momento em que seus pais esperam mais um bebê, depois de passados muitos anos, com os filhos pequenos já crescidos. O motivo pelo qual o pai, um rico empresário da cidade de Viena, leva a filha para se analisar — já tinha tentado de tudo, só por esse motivo tenta essa técnica um tanto desvalorizada, a psicanálise... — com Freud: ela andava de braços dados com uma mulher mais velha, de má fama, propagando seu amor homossexual e platônico pelas ruas da cidade. O pai da Jovem Homossexual era esse homem potente — em oposição ao pai

---

[12] EURÍPEDES. *Medeia*. Trad. Miroel Silveira e Júnia Silveira Gonçalves. São Paulo: Ed. Abril Cultural, 1976, p. 57.

[13] LACAN, Jacques. *O Seminário, livro 20: Mais, ainda*. Trad. M.D. Magno. Rio de Janeiro: Jorge Zahar Editor, 1982, p.119.

impotente de Dora — que dava mais um filho à esposa. Era um empresário rico que contava o amor na moeda do dinheiro. Essa filha, decepcionada edipicamente com o pai, mostra que é o vazio o que se ama, o que falta ao objeto amado. Lacan escreve que a decepção que ela tem com seu pai faz uma passagem ao plano do amor cortês e põe em causa o que é fundamental no que diz respeito à realização do amor. No contexto deste comentário, Lacan está no seminário sobre a relação de objeto[14] e demorará alguns anos para dizer que o amor cortês, como um amor irrealizado, é o cúmulo do amor.

O ser não é nada e isso desemboca no amor. No seminário 21, *Os não-tolos erram*, Lacan sustenta que, no amor, o que está em jogo é uma metáfora do conhecer: "mas vocês são todavia mais imbecis, como já tive a ocasião de lhes dizer porque, ainda que não sejam crentes, nessa aspiração — vou lhes dizer, lhes mostrar, isso tudo ao longo de hoje — nessa aspiração, vocês creem."[15] Com essa aspiração a crer, Lacan salienta o caráter religioso do amor, chegando ao amor divino. No coração dele, coloca o simbólico como fazendo um elo entre o imaginário e o real. O amor divino enlaça o amor e a morte: de um lado, faz com que o corpo se torne morte, e, de outro, a morte se torna corpo por meio do amor.

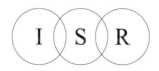

---

[14] LACAN, Jacques. *O Seminário, livro 4: A relação de objeto*. Trad. Dulce Duque Estrada. Rio de Janeiro: Jorge Zahar Editor, 1995, p. 111.

[15] LACAN, Jacques. *Seminário 21: Os não-tolos erram/Os nomes-do-pai*. Aula de 18 de dezembro de 1973. Inédito.

Com a relação entre o corpo, o amor e a morte, Lacan chega ao amor cortês. Não que a teoria do amor cortês seja uma contra-teoria do amor divino. Nele, Lacan vê o fundamento do verdadeiro lugar do amor: "no imaginário tomado como meio está o fundamento do verdadeiro lugar do amor."[16]

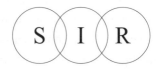

No seminário 21, Lacan relembra que em seu sétimo seminário, sobre *A ética*, já havia falado sobre o amor cortês. Naquele contexto, partindo do tema da sublimação, salientara no amor cortês sua escolástica de um amor infeliz. Ainda que seja característico de uma época[17], ele mostra o fundamento do amor. A Dama é idealizada, cantada, sempre pressupondo algo que a "cerque e a isole". É um amor *interruptus*, alega Lacan[18]. Lacan localiza o amor idealizante pelo objeto feminino na obra de Ovídio, *A arte de amar*, escrita dez séculos antes do período do amor cortês[19].

---

[16] *Idem, ibidem.*

[17] Época do feudalismo, das cruzadas, dos trovadores, de uma sociedade em que a mulher era propriedade de um homem. Lacan sublinha tudo isso, além de como o amor cortês joga com a função idealizante, tem uma proximidade com as experiências místicas. LACAN, Jacques. *O Seminário, livro 7: A ética da psicanálise.* Trad. Antonio Quinet. Rio de Janeiro: Jorge Zahar Editor, 1991, p. 155. Nesse seminário, Lacan o relaciona com as experiências místicas e, no seminário 21, com o amor divino.

[18] LACAN, Jacques. *O Seminário 7: A ética da psicanálise.* Trad. Antonio Quinet. Rio de Janeiro: Jorge Zahar Editor, 1991, p. 189.

[19] *Idem*, p. 191. Ovídio é um autor muito importante nas minhas leituras para esse livro. Ele romanceou o encontro de Medeia e Jasão em seu livro das *Metamorfoses,* tomando como referência os poemas escritos sobre a

O AMOR

Em seu seminário 24, *L´insu que sait de L´une-bévue s´aile à mourre*, sustentará que o amor não é mais do que uma significação, que

> se vê bem a maneira que Dante a encarna, a essa significação. O desejo tem um sentido, porém o amor — tal como já havia posto em manifesto no meu seminário sobre a ética, ou seja, tal como o amor cortês o suporta — o amor é um vazio.[20]

Lacan retoma nos seminários 20, 21 e 24 as referências sobre o amor cortês de seu seminário sobre *A ética*: nele já havia assinalado que o amor era um vacúolo. Também havia falado de Dante para exemplificar o amor cortês: Beatriz, esvaziada de toda substância real[21]. O discurso científico não deve nada aos pressupostos da alma antiga, sustenta Lacan — assim ele se refere ao amor cortês, e os coloca em uma série com a psicanálise: a perda. "E é dali somente que surge a psicanálise, isto é, a objetivação do fato de que o ser falante passa ainda o tempo a falar em pura perda."[22] É com

---

expedição dos argonautas além-Mar Negro, isso quatro séculos depois de Eurípedes escrever sua peça *Medeia*. Ele escreveu sua *Arte de amar* salientando sua idolatria ao objeto amado e interditado. Lacan sublinhou isso. Por sua obra amorosa — que soou erótica demais aos moralistas romanos do período do imperador Augusto, bem como ao próprio imperador — foi exilado na cidade de Tomes. Nela, porto do Mar Negro, Medeia passou com o navio Argos e assassinou o irmão. Assim, Ovídio me acompanha na escrita desse livro, do começo ao fim.

[20] LACAN, Jacques. *Seminário 24: L'insu que sait de l'une-bévue s'aile à mourre*. Aula de 15 de março de 1977. Inédito.

[21] LACAN, Jacques. *O Seminário 7: A ética da psicanálise*. Trad. Antonio Quinet. Rio de Janeiro: Jorge Zahar Editor, 1991, p. 186.

[22] LACAN, Jacques. *O Seminário, livro 20: Mais, ainda*. Trad. M.D. Magno. Rio de Janeiro: Jorge Zahar Editor, 1982, p. 116.

a perda que começará seu seminário sobre o Real, Simbólico e Imaginário: se o discurso analítico funciona é porque perdemos alguma coisa em outra parte[23].

No seminário 24, Lacan sustenta que há o Um e isso vai dar em sentimentos: o ódio pode ser o suporte das unaridades, o ódio, parente do amor, "o amor que eu escrevi no título desse ano 'o insucesso do inconsciente é o amor"[24]. *L´insu que sait de l'une-bévue c'est l'amour*. *C'est l'amour*, "é o amor" em português, equivoca com *s'aile à mourre*, algo meio incompreensível, a não ser pelo *mourre*, remetendo a morte[25]. Já com *une-bévue*, "um equívoco" em francês, Lacan joga com *Unbewusste*, o "inconsciente", em alemão. Com essa interpretação, Lacan sustenta que o inconsciente só pode ser ouvido no erro, no engano. Aqui, mais do que uma simples tradução, algo passa. Com sua interpretação/tradução, Lacan traz um novo efeito de sentido, lembra-nos Bernard Nominé em sua conferência "Alíngua e a estrutura das línguas"[26].

Quanto às unaridades, em seu seminário 20, *Mais, ainda*, Lacan havia destacado a relação do amor com o Um. "O amor é impotente ainda que seja recíproco porque ele ignora que é

---

[23] LACAN, Jacques. *Seminário 22: RSI*. Aula de 10 de dezembro de 1974. Inédito.

[24] LACAN, Jacques. *Seminário 24: L'insu que sait de l'une-bévue s'aile à mourre*. Aula de 15 de março de 1977. Inédito.

[25] Segundo a tradução que Susana Sherar e Ricardo Rodríguez Ponte fizeram desse seminário de Lacan, *mourre* quer dizer "morra" no imperativo. "[...] porém o que é isso? É um jogo entre dois personagens, em que estendem os dedos de uma mão e um deles canta um número que, às vezes, coincide com o que somam os dedos estendidos por ambos os jogadores."

[26] NOMINÉ, Bernard. "Alíngua e a estrutura das línguas". Conferência proferida no Fórum do Campo Lacaniano de Salvador em 3 de junho de 2023. Anotações pessoais. Inédita.

apenas desejo de ser Um"[27]. No final deste seminário, Lacan dirá que a relação de ser a ser que o amor enlaça converge com o que o cristianismo chama de "beatitude". Aristóteles viu nele, no ser, um gozo supremo. E ele, Lacan, como o vê? Sua resposta é a conclusão do seminário, última aula, últimos parágrafos:

> A abordagem do ser pelo amor, não será aí que surge o que faz do ser aquilo que só se sustenta com ratear? Falei do rato ainda há pouco — era disso que se tratava. Não é por nada que escolheram o rato. É porque dele se faz facilmente uma unidade — o rato, isso não se ratifica, isto se rasura.[28]

Lacan brinca com o significante *rate* — inspirado por Freud? — rato, o animal, que é tão fácil odiar (mais nojo do que ódio), para dizer com isso que é muito fácil o verdadeiro amor desembocar no ódio. Mas também está indicando que o sujeito *rateia*, de *se rater*, malograr, dar errado. Há, nesse momento do texto, uma sequência de homofonias que a tradução para o português não salienta: *rat* (rato), *rature* (rasura) e *rater* (errar o alvo). A *ratage* também é um ato que expõe alguém ao ridículo, um malogro, um insucesso. O poeta sabe disso: "todas as cartas de amor são ridículas. Não seriam cartas de amor se não fossem ridículas."[29]

Isso faz sua impotência, mas não seu impossível. Mais adiante, no ano seguinte, Lacan colocará o amor como

---

[27] LACAN, Jacques. *O Seminário, livro 20: Mais, ainda.* Trad. M.D. Magno. Rio de Janeiro: Jorge Zahar Editor, 1982, p. 14.
[28] *Idem*, p. 199-200.
[29] PESSOA, Fernando. "Obra poética de Álvaro de Campos". In: *Obra poética completa*. Volume Único. Editora DC, p. 1210.

contingente — o contingente e o impossível estão do lado direito das fórmulas da sexuação, o lado da lógica não-toda. Não quer dizer com isso que o amor seja todo feminino; um homem pode circular também pela lógica não-toda[30]. Esse, porém não é o caso de Jasão: ele é o que não ama, o que fica claro tanto nas peças de Eurípedes e de Sêneca, quando nas *Metamorfoses*, de Ovídio.

O Real é três, salienta Lacan. Por exemplo: o gozo, a morte, o corpo. A própria definição de um corpo é a de que ele é uma substância gozante.

> Que o gozo possa escapar a partir do momento em que o amor se torna um pouco civilizado, quer dizer, que se saiba que se o joga como jogo, enfim, não é certo que isso ocorra, não é certo que ocorra, mas ao menos isso poderia nos ocorrer, se assim posso dizer.[31]

Ainda que o amor cortês seja o cúmulo do amor, é um enlaçamento que se sustenta no imaginário. É uma forma refinada de "suprir a ausência da relação sexual, fingindo que éramos nós que lhe impingíamos obstáculos"[32]. Um enlaçamento

---

[30] "...A mística, não é de modo algum tudo aquilo que não é a política. É algo de sério, sobre o qual nos informam algumas pessoas, e mais frequentemente mulheres, ou bem gente dotada como São João da Cruz — porque não se é forçado, quando se é macho, de se colocar do lado do $\forall x \Phi x$. Pode-se também colocar-se do lado não-todo. Há homens que lá estão tanto quanto as mulheres." LACAN, Jacques. *O Seminário, livro 20: Mais, ainda*. Trad. M.D. Magno. Rio de Janeiro: Jorge Zahar Editor, 1982, p. 102.

[31] LACAN, Jacques. *Seminário 21: Os não-tolos erram/Os nomes-do-pai*. Aula de 12 de março de 1974. Inédito.

[32] LACAN, Jacques. *O Seminário, livro 20: Mais, ainda*. Trad. M.D. Magno. Rio de Janeiro: Jorge Zahar Editor, 1982, p. 94.

amoroso que tornasse o gozo mais civilizado seria a letra de (*a*)muro. Lacan dirá desse amor que traz no *mur* a marca, ou os traços, do objeto *a* como podendo civilizar o gozo[33]. Um amor que enoda borromeanamente o gozo, o corpo e a morte "na medida em que estão enodados somente, desde sempre, por esse impasse inverificável do sexo."[34] Assim, esse amor mais civilizado não quer dizer menos fracasso; o malogro, o insucesso, permanece.

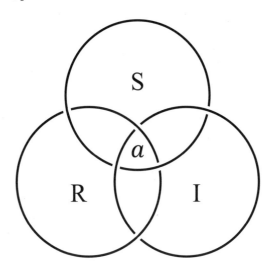

---

[33] Tanto nesse enlaçamento do amor divino quanto no do amor cortês, trata-se de enlaçamentos ordinais, pois o círculo do meio tem prevalência sobre os outros dois. Não é como o nó borromeu, que é cardinal: cada um é um; soltando-se um, os outros dois ficam separados. Remeto ao artigo de Ana Laura Prates, "Para sempre é sempre por um triz", que faz uma leitura muito precisa desses enlaçamentos, seguindo o seminário 21, de Lacan. In: PRATES, Ana Laura. "Para sempre é sempre por um triz". In: *Stylus. Revista de Psicanálise da Escola de Psicanálise dos Fóruns do Campo Lacaniano*. Número 30, julho 2015, p. 31-41.

[34] LACAN, Jacques. *Seminário 21: os não-tolos erram/Os nomes-do-pai*. Aula de 19 de março de 1974. Inédito.

Triste Medeia que já não ama; que, de forma muito lúcida, enxerga quem é Jasão. Sem o véu do amor que encobria o objeto, ela vê a fissura e realiza o objeto a que é: a deixada cair por ele. E passará a mesma desgraça a seus filhos, tratados como objetos a serem perdidos por sua mãe, como ela o foi por seu homem. A Jasão restará amar aos filhos como perdidos, com o coração dilacerado. Filhos que, antes quase seriam "irmãos de futuros reis", sendo ele, também um quase futuro rei, rei que nunca foi, herdeiro destronado de um pai traído pelo próprio irmão, um filho inocente até se casar com uma mulher culpada, que se considerava inocente dos crimes que cometera casada, mas não dos que cometera antes.

É por isso que, na abertura deste livro, escolhi como epígrafe o poema de Tahar Ben Jalloun: o objeto amado é perdido e um pássaro ébrio nascerá de sua ausência; a lembrança desliza metonimicamente para o poente, a lágrima, a pálpebra, "é a tua sombra que eu desenho no voo da luz", é também o olhar dele, o objeto amado, que se vai; a lembrança de um corpo que dançava misturado ao riso do narrador. O sujeito é aquele que ama e escreve, reforçando o muro de figurações/lamentações que, por um lado, repetem o amor e, por outro, reforçam o impossível e evidenciam a fissura de (a) muro, sobretudo o olhar como objeto a. Tudo é possível com as palavras, elas são mesmo o necessário, sustentou Lacan. Com elas se faz poesia, escreve-se muito. Aliás, é somente na escritura que o amor se realiza.

CAPÍTULO 5
A VINGANÇA

> O Amor, que nenhum freio segura,
> não deixa aos mortais
> nem honra nem virtude.
>
> EURÍPEDES, *MEDEIA*

Sua jovem rival, Medeia mata de um golpe só: ela a captura com um vestido lindo e uma coroa dourada, adornos que a jovem usaria diante de Jasão. Sabe o ponto fraco dos reis e familiares: "os presentes curvam até os próprios deuses e o ouro é mais poderoso sobre os mortais que todos os discursos."[1] Os filhos de Jasão e Medeia levaram os presentes. "Seduzida pela beleza, pelo maravilhoso esplendor desses tecidos e da coroa de ouro, tem pressa em usá-los; mas é para o Hades que usará o vestiário nupcial."[2] Ou seja, no inferno. O veneno colocado no vestido entra em seu corpo e ela se consome em chamas.

O ódio abertamente declarado não serve à vingança, escreve Eurípedes. Expulsa de Corinto com seus dois filhos, consegue do rei Creonte um dia de prazo e é nesse dia que traçará

---

[1] EURÍPEDES. *Medeia*. Trad. Miroel Silveira e Júnia Silveira Gonçalves. São Paulo: Editora Abril Cultural, 1976, p. 43.
[2] *Idem, ibidem.*

toda sua vingança. Creonte, o rei de Corinto, coloca-se como o defensor da família — "depois de meus filhos, nada tenho de mais querido que minha pátria."[3] Defensor da própria família, evidentemente, de seus filhos. Aos de Édipo, não; proibiu o sepultamento de Polinice e, dessa maneira, empurrou Antígona à morte. Aos filhos de Jasão e Medeia, empurra ao exílio. É um patriota, um tirano patriota. Na *Antígona* de Sófocles, seu filho Hémon se suicida após a morte de sua amada Antígona. Na de Eurípedes, sua filha Creuza, queima por ter desposado Jasão. Não são apenas os filhos de Édipo e Medeia que ele não protege; não protege os seus, o patriota. Uma curiosidade: a peça de Sófocles foi escrita 37 anos antes que *Medeia*. Nela, Sófocles coloca o rei Creonte como aquele que sobrevive às mortes de seus entes amados para se consumir na culpa. Em *Medeia*, não há referência à *Antígona*. Creonte não aparece como aquele que já perdeu um filho. Ele irá perder a filha para as chamas e, agarrando-se nela, morrerá também. Também na peça de Sêneca, escrita quatrocentos anos depois, Creonte queimará junto com a filha.

Não é só nas tragédias gregas que o tema da vingança é abundante. Ele está por quase toda a obra freudiana, tanto na correspondência pessoal de Freud, quanto em seus casos clínicos mais importantes. Em carta de 1 de julho de 1900, Freud responde a seu amigo Fliess sobre o não reconhecimento de uma teoria, que é desolador que as pessoas tenham aversão a qualquer coisa nova; identifica-se a Fliess no "júbilo pirracento e na sede satisfeita de vingança"[4]. Até aquele

---

[3] *Idem*, p. 18.
[4] MASSON, Jeffrey M. *Correspondência Completa de Sigmund Freud com Wilhelm Fliess*. Trad. Vera Ribeiro. Rio de Janeiro: Imago Editora Ltda, 1986, p. 401.

momento, ele, Freud, ainda tinha saboreado muito pouco desse acepipe — ou seja, Freud ainda esperava sentir-se vingado. E continua: "assim, alio-me a você, beliscando uma colherada de sua refeição."[5]

Na carta seguinte a essa, dez dias depois, há uma longa explanação das complicações para marcar uma data de encontro entre eles: o cotidiano de uma casa com crianças, a viagem com a mulher, o verão e seu calor, o esgotamento com o trabalho e as coisas relacionadas a ele: "as ideias que estão germinando, que atraem e ameaçam", sua preocupação com o não reconhecimento do livro sobre os sonhos. "O fato de as pessoas gostarem ou não do livro sobre o sonho está começando a ser indiferente para mim e começo a deplorar-me o destino"[6], escreve Freud. Em seguida, escreve que não há notícias de outras resenhas ou de qualquer reconhecimento ocasional. Essa condenação silenciosa é ofensiva a Freud. Ele deplora seu destino, espera, ainda, comer o prato da vingança, que pelo visto, em sua perspectiva, está demorando muito, tanto que tem de comer algumas colheradas do acepipe vingativo de Fliess. Naquele período, as cartas de Freud evidenciavam um humor triste.

Nos *Estudos sobre a histeria*, texto conjunto de Freud com Breuer, logo depois de afirmarem que os histéricos sofrem de reminiscências, sustentam que há várias reações energéticas ao recalcamento de uma lembrança — ainda não diz aqui recalcamento e sim esmaecimento de uma lembrança —, de lágrimas a atos de vingança, e que, dessa forma, as emoções são descarregadas: "o uso da linguagem comprova esse fato

---

[5] *Idem, ibidem.*
[6] *Idem*, p. 402.

de observação diária com frases tais como 'desabafar através do pranto' [*sich ausweinen*] e 'desabafar através da cólera' [*sich austoben*], literalmente". Eis aqui, Freud, bem no início de sua obra, relacionando o ódio e a vingança[7].

Alguns anos depois, Freud escreve sobre Dora, sua jovem paciente histérica. Ela contou a seus pais sobre o assédio do Sr. K. à beira do lago, "como uma atitude tomada sob a influência de um desejo mórbido de vingança"[8]. Mais adiante, Freud sublinhará seu "ardente desejo de vingança"[9] como um componente de seus sonhos. Freud dá essa interpretação a ela: "você deu expansão aos seus sentimentos de vingança."[10] Ela não o contesta. Mas a fantasia de vingança contra o Sr. K. esconde, na verdade, a vingança contra o pai. Freud também escreverá: "ela vingou-se nele, Freud, abandonando-o do mesmo modo como se sentira abandonada e enganada por ele [Sr. K.]."[11] A respeito do sonho de Dora, Freud se perguntara se a fachada do sonho não foi uma "imagem de vingança dirigida ao pai[12], os sentimentos de pena em relação a ele estariam em consonância com isso, o pai morria desgostoso e sentindo sua falta.

> Desse modo, ela se vingaria. Ela compreendia claramente o que seu pai necessitava quando não conseguia dormir sem

---

[7] FREUD, Sigmund. "Estudos sobre a histeria". In: FREUD, Sigmund. *Edição Standard Brasileira*, Vol II. Rio de Janeiro: Imago, 1976, p. 48.

[8] FREUD, Sigmund. "Fragmento da análise de um caso de histeria". In: FREUD, Sigmund. *Edição Standard Brasileira*, Vol VII. Rio de Janeiro: Imago, 1976, p. 92.

[9] *Idem, ibidem.*

[10] *Idem*, p. 104.

[11] *Idem*, p. 116

[12] *Idem*, p. 95

antes tomar um gole de conhaque. Registraremos o ardente desejo de vingança de Dora como novo elemento a ser considerado em qualquer síntese subsequente de seus pensamentos oníricos.[13]

Numa nota de rodapé, Freud assinala que a satisfação sexual é o melhor soporífero. O pai de Dora não conseguia dormir porque estava privado de ter relações sexuais com a mulher que amava. Ele relaciona isso à frase "nada recebo de minha mulher". A Freud, o pai de Dora havia dito que não poderia se afastar da Sra. K., que ele era o único apoio para ela, bem como ela para ele: "dois pobres coitados", foi o que disse a Freud[14]. O pai esperava que Freud convencesse Dora de que não tinha como se afastar dessa mulher, esperava que o analista a devolvesse à razão, uma vez que não conseguiria se separar da Sra. K. O que mostra sua própria importância, pois o pai de Dora produz, em sua fala, uma reciprocidade: sem ele, ela não tem apoio nenhum; o que podemos inverter, sem ela, ele não tem apoio nenhum. A Sra. K poderia não ser nada para o Sr. K., mas era tudo para o pai de Dora, o que dá a Dora margem para concluir que não representava muito para o pai. Dora vê *infidelidade* e *ingratidão* de seu pai para com ela. Uso esses termos pois são os que Freud escreveu em seu artigo "Romances familiares" para falar da vingança: as crianças que foram punidas por suas travessuras, inclusive sexuais, se vingam através de suas fantasias — mais um texto de Freud em que ele fala da vingança. A criança destitui esse pai que trai, volta-se para aquele em quem confiava nos

---

[13] *Idem, ibidem.*
[14] *Idem,* p. 24.

primeiros anos de sua infância. Designa essa fantasia como "um lamento pelos dias felizes que se foram."[15]

Somente numa nota de rodapé, inserida anos depois, Freud sustentará que o objeto amado de Dora era a Sra. K. e não seu marido. Dora perseguia várias pessoas, "com um desejo de vingança quase maligno"[16], como um deslocamento desse amor pela Sra. K. — somente ela foi poupada de sua vingança. Aliás, Freud escreverá sobre Medeia no relato do caso Dora. Destaca as "relações de grande intimidade"[17] que Dora experimentou por anos com a Sra. K.. Quando se hospedavam com os K., Dora compartilhava o quarto com a Sra. K., o Sr. K. ficando em outro recinto.

> Ela fora a confidente e conselheira da esposa em todas as dificuldades de sua vida conjugal. Nada havia sobre que não tivessem conversado. Medeia ficara bastante contente em ver Creusa tornar-se amiga de seus dois filhos; e ela certamente nada fazia para interferir nas relações entre a moça e o pai das crianças. Como Dora conseguiu apaixonar-se pelo homem a respeito do qual sua adorada amiga tinha tão maus conceitos é um interessante problema psicológico.[18]

Freud entenderá que Dora se vingou dos K. de forma satisfatória e, com isso, deu por encerrado seu tratamento. Eu nunca tinha percebido de forma tão clara, lendo esse caso clínico como o faço agora, o quanto a vingança estava

---

[15] *Idem*, p. 246.
[16] *Idem*, p. 102.
[17] *Idem*, p. 58.
[18] *Idem*, p. 59.

A VINGANÇA

tão fortemente presente. Nesse, e em todos os demais casos clínicos de Freud.

Também no caso do Pequeno Hans, Freud acentuou a vingança do menino contra o pai: a vingança contra o pai por tê-lo enganado com a fábula da cegonha. "Se você, realmente, pensou que eu era tão estúpido assim, e esperava que eu acreditasse que a cegonha trouxe Hanna, então, em troca, eu espero que você aceite as minhas invenções como sendo verdade."[19] Freud entende que o desejo de Hans de importunar e bater no cavalo tinha dois constituintes: "um desejo sádico e obscuro por sua mãe e um impulso de vingança contra seu pai."[20]

A vingança também está presente no caso do Homem dos Ratos, esse homem obsessivo enganado em relação à sua dívida, sem saber a quem pagá-la, e, também podemos dizer, enganado quanto à própria natureza da dívida. Ele contou a Freud seus xingamentos ao pai, quando criança — "Sua lâmpada! Sua toalha! Seu prato! — Freud escreveu que "eram evidência de raiva e de vingança de um passado remoto"[21]. O pai, esse que atrapalha o gozo sexual da criança, que o interdita, é para ele que será dirigido o ódio e os posteriores desejos de vingança. Os sentimentos de vingança também se dirigiam à Dama, objeto de seu desejo, a moça pobre escolhida para marcar a diferença com seu pai, que deixou a moça pobre que gostava para se casar com a mãe do paciente, a mulher de família rica.

---

[19] FREUD, Sigmund. (1909) "Análise de uma fobia em um menino de 5 anos". In: FREUD, Sigmund. Edição Standard Brasileira, Vol X. Rio de Janeiro: Imago, 1976, p. 135.
[20] Idem, p. 91.
[21] FREUD, Sigmund. "Notas sobre um caso de neurose obsessiva". In: FREUD, Sigmund. Edição Standard Brasileira, Vol X. Rio de Janeiro: Imago, 1976, p. 265.

> Ele acha que ela [a dama] dá valor à posição social. Por conseguinte, elaborou a fantasia de que ela havia casado com um homem de nível social, que ocupava um cargo público. Ele entrou para o mesmo departamento e subiu profissionalmente com mais rapidez que o marido dela. Um dia, esse homem cometeu um ato desonesto. A dama atirou-se a seus pés e lhe implorou que salvasse o marido. Ele prometeu fazê-lo e lhe comunicou que fora apenas por amor a ela que havia assumido o cargo, de vez que havia previsto que esse momento iria ocorrer. Agora estava cumprida a sua missão, seu marido estava salvo e ele se retiraria de seu posto. Mais tarde, ele foi ainda mais adiante e achou que preferiria ser o benfeitor da Dama e que lhe prestaria qualquer favor de porte sem ela saber ser ele quem o estava fazendo. Em sua fantasia ele via apenas a evidência de seu amor e não a magnanimidade à la Monte Cristo destinada a reprimir sua vingança.[22]

Freud interpreta para o Homem dos Ratos que ele tem, na transferência, um "elemento vingança" contra ele, analista: abandonando o tratamento, estaria se vingando completamente dele. Em sessão ocorrida quatro dias depois dessa interpretação, o tema da vingança retorna e é o analisante que crê que o analista quer se vingar dele. Freud interpretou: "jamais lhe ocorreu que, se sua mãe morresse, você ficaria livre de todos os conflitos, de vez que você ficaria apto para se casar? 'O senhor está se vingando de mim', ele disse. 'Está me forçando a fazê-lo, porque, por seu lado, deseja vingar-se de mim'."[23]

---

[22] *Idem*, p. 265-266.
[23] *Idem*, p. 283.

Embora conferindo viés um tanto imaginário para transferência — você vinga, eu vingo —, a vingança é um tema importante na condução da análise. Freud, o analista no lugar de semblante da relação do sujeito com o Outro, encarnaria esse vingador? Um mês depois, em outra sessão, o tema da vingança retorna: ele, o Homem dos Ratos se identifica com sua mãe no ódio ao pai e faz um paralelo entre suas razões para odiar o pai e as razões da mãe.

Mudemos de caso clínico. Encontraremos novamente o tema da vingança. A vingança contra o pai também é explícita no caso da Jovem Homossexual. Inclusive, Freud faz uma analogia entre sua vingança e a lei de Talião: "de vez que você me traiu, tem de se conformar com que eu o traia."[24] Ela queria que o pai a visse com a Dama, era seu "desejo mais penetrante, ou seja, a vingança."[25] Por isso era tão ostensiva: era para ser vista. Já o pai, como compreendera que a vingança dirigida a ele, se enfurecia.

Sua tentativa de suicídio, jogando-se — melhor dizendo, fazendo-se cair — na linha do trem, conjuga dois motivos: "É a realização de uma punição (autopunição) e a realização de um desejo"[26]. No "caíra por culpa do pai" que ela sustentava, fazia uso do verbo *niederkommen*, que significa tanto cair quanto "dar à luz". Freud entende que

> do ponto de vista da autopunição, a ação da jovem nos mostra que desenvolvera no inconsciente intensos desejos de morte

---

[24] FREUD, Sigmund. "A psicogênese de um caso de homossexualismo numa mulher". In: FREUD, Sigmund. *Edição Standard Brasileira*, Vol XVIII. Rio de Janeiro: Imago, 1976, p. 198.
[25] *Idem*, p. 199.
[26] *Idem*, p. 201.

contra um ou outro de seus genitores, talvez contra o pai, como vingança por impedir seu amor, porém mais provavelmente contra a mãe quando grávida do irmão pequeno, tendo a análise explicado o enigma do suicídio da seguinte maneira: é provável que ninguém encontre a energia mental necessária para matar-se, a menos que, em primeiro lugar, agindo assim, esteja ao mesmo tempo matando um objeto com quem se identificou e, em segundo lugar, voltando contra si próprio um desejo de morte antes dirigido contra outrem.[27]

Essa leitura que Freud constrói em 1920 sobre a passagem ao ato da Jovem Homossexual parece introdutória a seu capítulo sobre a identificação na *Psicologia das massas e análise do eu*, escrita no ano seguinte[28].

Freud usa o tema da vingança para interpretar à Jovem Homossexual que sua atitude de desafio é uma vingança

---

[27] *Idem*, p. 202.

[28] No ano seguinte, em 1921, Freud também escreverá o artigo "Psicanálise e telepatia". Nele apresenta o caso de um jovem que estava envolvido com uma das mais conhecidas *demi-mondaine* da cidade e desejava se livrar dela, mas não conseguia entender o porquê. Nela despejava seus sentimentos de vingança e ciúme que se aplicavam a outra mulher, uma senhora casada, de seu próprio círculo de relações, com a qual tivera um relacionamento na juventude. E logo depois de ser abandonado por ela, tentou o suicídio. Consegue romper com a *demi-mondaine* quando entende, na análise, que sua tentativa de suicídio fora uma vingança porque sua amada rejeitara suas propostas. E sua vingança atual era espezinhar uma mulher por causa do que outra lhe fizera. FREUD, Sigmund. "Psicanálise e telepatia" In: FREUD, Sigmund. *Edição Standard Brasileira*. Vol. XVIII. Rio de Janeiro: Imago Editora, 1976, p. 233. Sua vingança também poderia ser à *demi-mondaine*, não apenas por deslocamento? Relembro aqui o que Lacan escreveu em "O aturdito": "Que uma mulher, aqui, só sirva ao homem para que ele deixe de amar uma outra; que não consegui-lo seja usado por ele contra ela." LACAN, Jacques. "O aturdito". In: LACAN, Jacques. *Outros escritos*. Trad. Vera Ribeiro. Rio de Janeiro: Jorge Zahar Editor, 2003, p. 469. Ou seja, ela não serviu para que ele deixasse de amar a outra.

contra o pai. Ela responde "'Que interessante!', como se fosse uma *grande dame* levada a um museu e passando o olhar, através de seu *lorgnon*, por objetos a que era completamente indiferente."[29] Mesmo antes do sonho enganador, para Freud, a impossibilidade dessa análise já estava posta: como conduzir uma análise quando a analisante não coloca o analista como Sujeito suposto Saber?

A fantasia de vingança do Homem dos Ratos é à la Conde de Monte Cristo, escreve Freud. Relaciona-o, então, com Edmond Dantès, o personagem da obra de Alexandre Dumas, traído, encarcerado e que retorna à sua cidade muitos anos depois, como um nobre, um homem de posses, para vingar-se dos que o traíram, um deles casado com a mulher que ele amava. Mas retorna incógnito, como é preciso para concretizar sua vingança. Como escreveu Eurípedes, a vingança precisa ser dissimulada. A vingança fantasiada pelo Homem dos Ratos foi assim; com Medeia, é um pouco diferente: profere abertamente, na *pólis*, o seu ódio, depois o esconde para concretizar a vingança. Assim, muitos não acreditam na mudança. Já para a Jovem Homossexual, a vingança não é escondida, pelo contrário, é escancarada, precisa estar à vista de todos, é como a Lei de Talião, afirma Freud. Como nos antigos códigos de leis, inscrita no Hamurabi, por exemplo, é responder uma ação na devida proporção da agressão. Do latim *lex talionis*, é retribuição. Vale para a lei, mas vale para o mal que alguém te fez, que deve retornar a ele na mesma proporção. É *olho por olho, dente por dente*. A Jovem Homossexual

---

[29] FREUD, Sigmund. "A psicogênese de um caso de homossexualismo numa mulher". In: FREUD, Sigmund. *Edição Standard Brasileira*. Vol XVIII. Rio de Janeiro: Imago, 1976, p. 202-203.

vinga-se no seu pai retribuindo a traição: uma vez que me traíste, pago na mesma moeda. Esse especular-imaginário de sua vingança é reconhecido: traição por traição, decepção por decepção, queda do Ideal por queda do Ideal. A cada um o seu estilo de vingança ou a cada um uma vingança que reflita sua fantasia? O Homem dos Ratos, em sua fantasia, apresenta-se ao homem que está com sua mulher amada como um Dantès, não pode ser um homem pobre, tem de ir além do pai. A Jovem Homossexual também tem de mostrar ao pai, ao poderoso empresário que acredita que o amor envolve o *ter*, que, quando se ama, se ama por nada.

Restam-nos, dos grandes casos clínicos de Freud, o Caso Schreber e o Homem dos Lobos. O primeiro deles é um artigo de Freud elaborado a partir do livro de Daniel Paul Schreber, advogado membro de um Tribunal de Apelação da Alemanha que, às vésperas de assumir a presidência, desencadeia a psicose[30]. O conhecido caso do Homem dos Lobos, escrito alguns anos depois, é tratado por Freud como um caso de neurose[31]. O paciente interrompe o tratamento com o início da Primeira Guerra Mundial, regressa ao seu país, a Rússia, e retornará à análise anos depois, com uma psicose já desencadeada. Nessa descrição clínica, não há sequer uma referência de vingança ao pai. Quando garoto, o Homem dos Lobos foi tratado como objeto sexual por uma irmã mais velha. Ele conseguiu fugir desse lugar — não sem

---

[30] FREUD, Sigmund. "Notas psicanalíticas sobre um relato autobiográfico de um caso de paranoia (*Dementia Paranoides*)". In: FREUD, Sigmund. *Edição Standard Brasileira*. Vol. XII. Rio de Janeiro: Imago Editora, 1976.

[31] FREUD, Sigmund. "História de uma neurose infantil". In: FREUD, Sigmund. *Edição Standard Brasileira*. Vol. XVII. Rio de Janeiro: Imago Editora, 1976.

fazer uma fobia — e escapou da irmã. Se restou hostilidade para com ela, foi pela rivalidade no amor dos pais, sublinha Freud[32]. Posteriormente, ele dirigiu sua sexualidade à babá — a *nanya*, em russo —, porém "a babá desiludiu-o", fez uma cara séria às suas exibições masturbatórias para ela e disse-lhe que as crianças que faziam aquilo ficavam com uma ferida no lugar. O garoto passou a atormentá-la até que ela caísse em lágrimas. "Desse modo vingava-se nela pela recusa que encontrara, e, ao mesmo tempo, gratificava sua lascívia sexual na forma que correspondia a sua presente fase regressiva."[33] Somente isso de vingança: não contra o pai e sim contra as mulheres.

Também com Schreber não há nenhuma referência de vingança ao pai. No estádio final de sua doença, seus delírios voluptuosos eram dirigidos ao Deus-pai. "A ameaça paterna mais temida, a castração, na realidade, forneceu o material para sua fantasia de desejo (a princípio combatida, mas depois aceita) de ser transformado em mulher"[34]. Assim, nesse complexo de castração rejeitado, não há um pai interditor do gozo, não há ódio a ele e nem motivos para vingar-se.

Então, nesses dois artigos clínicos não aparece o desejo de vingança contra o pai. Os psicóticos não apresentam tramas de vingança contra seus pais?

Já que não faremos uma classificação da vingança por tipos clínicos, não chegarei ao ponto de sustentar que a

---

[32] *Idem*, p. 38
[33] *Idem*, p. 40.
[34] FREUD, Sigmund. "Notas psicanalíticas sobre um relato autobiográfico de um caso de paranoia (*Dementia Paranoides*)". In: FREUD, Sigmund. *Edição Standard Brasileira*. Vol. XII. Rio de Janeiro: Imago Editora, 1976, p. 76.

vingança ao pai é uma criação do neurótico. Tampouco sustentaria uma tipologia de vingança que seja específica dos gêneros, embora Freud tenha feito um esboço disso em suas "Contribuições à psicologia do amor". No primeiro desses artigos, sustentou que teve muitas oportunidades de colher impressões "sobre a maneira que os neuróticos se comportam em relação ao amor"[35] e discorre sobre uma escolha de objeto de muitos homens pela mulher cortesã[36]. É a mulher que trai, que não é confiável e é escolhida exatamente por isso. Se fosse uma mulher descompromissada não lhe seria aprazível. Freud escreve que as condições necessárias ao amor, para esses homens, consistem em colocarem-se numa situação triangular em que haja outro homem. Interpreta essa condição como uma fixação infantil na mãe: não a perdoou por suas atividades sexuais com um homem que não fosse ele. Considera-a infiel; odeia e rivaliza com o pai. Se não encontrar outro curso para suas fantasias, ou mesmo a busca de alívio dessa tensão na masturbação, ficará preso a um "desejo e sede de vingança"[37].

Eis aí a mãe como infiel e o pai como um empecilho ao gozo próprio, um adversário, que impede o sujeito de ser feliz com seu objeto. Pode ser a mãe ou suas substitutas, como o Menino dos Ratos surpreendido no quarto com as

---

[35] FREUD, Sigmund. "Um tipo especial de escolha de objeto feita pelos homens. (Contribuições à psicologia do amor I)". In: FREUD, Sigmund. *Edição Standard Brasileira*. Vol. XI. Rio de Janeiro: Imago Editora, 1976, p. 149.

[36] Embora o tradutor tenha traduzido por "prostituta", em alemão Freud escreveu *Dirne*. "Prostituta" dá ênfase ao aspecto monetário e não é disso que se trata.

[37] FREUD, Sigmund. "Um tipo especial de escolha de objeto feita pelos homens. (Contribuições à psicologia do Amor I)". In: FREUD, Sigmund. *Edição Standard Brasileira*. Vol. XI. Rio de Janeiro: Imago Editora, 1976, p. 155.

funcionárias da casa. Na psicologia das condições necessárias ao amor, para muitos homens, a consequência é a sede de vingança ao pai por ele ser uma atrapalha-ação, uma interdição. É claro que não é tão simples assim, pois pelo pai se tem amor, gratidão: "todos os seus instintos, os de ternura, gratidão, lascívia, desafio e independência, encontram satisfação no desejo único de ser o pai."[38]

Já em sua terceira "Contribuição à psicologia do amor", escrita sete anos depois, Freud discorre sobre o perigo que pode acarretar, para um homem, o defloramento de uma mulher: ele pode atrair a hostilidade dela para si próprio[39]. Freud interpreta que isso não decorre da dor física causada, nem da injúria narcísica, nem porque a satisfação alcançada não correspondeu às expectativas. Na análise de muitas mulheres neuróticas, observou que o defloramento desencadeou uma reação primitiva de hostilidade. E muitas se mantêm convivendo com esse primeiro marido — nos dias de hoje, poderíamos dizer primeiro parceiro sexual — com uma atitude de sujeição concomitante à hostilidade. "A análise, portanto, nos ensina que essas mulheres, de fato, ainda se sentem ligadas a seus primeiros maridos em estado de sujeição, mas não mais por afeição. Não se podem afastar deles, porque ainda não completaram sua vingança contra eles e, em casos mais acentuados, nem mesmo trouxeram os impulsos de vingança para a consciência."[40]

---

[38] *Idem*, p. 156.
[39] FREUD, Sigmund. "O tabu da virgindade (Contribuição à psicologia do amor III)" In: FREUD, Sigmund. *Edição Standard Brasileira*. Vol. XI. Rio de Janeiro: Imago Editora, 1976, p. 187.
[40] *Idem*, p. 192.

Freud aprendeu que elas passam por uma fase em que "invejam nos irmãos o seu símbolo de masculinidade"[41]. Ele usa a expressão "protesto masculino", cunhada por Alfred Adler, para designar o *Penisneid*, a "inveja do pênis", no complexo de castração. É uma fase que existe antes da escolha de objeto, "só mais tarde foi a libido da menina dirigida para seu pai e, então, em vez de desejar ter um pênis, desejou um filho"[42].

Assim, se a vingança contra o pai, nos homens, se dá pela interdição ao gozo, ao pai como um adversário do gozo edipiano, nas mulheres a vingança está ligada ao complexo de castração, que atinge preferencialmente seu primeiro parceiro sexual, relacionado à experiência de defloramento. Contudo, o próprio Freud escreveu que o parceiro amoroso será um substituto do pai — substituto no amor impossível pelo pai. Para a histérica, dirá Lacan, o pai é uma armadura[43]. Mas, poderíamos dizer que isso vale para toda mulher? Termino esse capítulo com uma pergunta sem resposta: o pai é uma armadura, arma-dura, amar-dura, um duro amor que dura? Amor que, por vezes, vira ódio e termina na vingança, outras tantas vezes, na neurose. E, muitas vezes, nas duas.

---

[41] *Idem*, p. 189.
[42] *Idem, ibidem*.
[43] LACAN, Jacques. *Seminário 24: L'insu que sait de l'une-bévue s'aile à mourre*. Aula de 14 de dezembro 1976. Inédito.

CAPÍTULO 6
O IRMÃO

> Ó meu pai, ó minha pátria
> que vergonhosamente abandonei,
> depois de haver assassinado meu irmão.
>
> EURÍPEDES, *MEDEIA*

Vintila Horia, escritor romeno vivendo exilado em Roma, fugindo do regime ditatorial de Nicolae Ceaușescu, escreve, em 1960, um romance intitulado *Deus nasceu no exílio*. Nele, a personagem romanceada é Ovídio, o escritor romano de *A arte de amar*, que foi exilado pelo imperador Augusto, no começo da era cristã, e condenado a viver em Tomis, na Dácia, terra dos Getas. Assim, o romance *Deus nasceu no exílio* é sobre um romano exilado na Romênia, escrito por um romeno exilado em Roma. É quase um chiste.

Tomis foi onde uma irmã esquartejou o seu irmão. Tomis significa corte, amputação. Assim escreveu Ovídio em *Tristezas*[1]. Atualmente, Tomis chama-se Constança, cidade portuária da Romênia no Mar Negro.

Ovídio, personagem de Horia, diz que só vale a pena viver em Roma, ou na Grécia, mas todo o espaço habitável

---

[1] OVÍDIO. *Tristezas*. Trad. e notas de Pedro Schmidt. São Paulo: Editora Mnema, 2023.

do mundo está nas mãos do imperador Augusto. O personagem de Ovídio está lá, olhando aquele mar cinza, o inverno se aproximando, as praias desertas, o porto vazio.

> Só essas corujas podem suportar semelhante clima e habitar uma terra tão inospitaleira. Voavam com a mesma indiferença no dia em que Medeia matou o irmão, aqui, nesta mesma praia, enquanto soltavam esses mesmos gritos, que mais parecem feitos para acompanhar os pecados dos homens. Do alto desta colina, ou daquele penhasco que se desfaz para os lados do sul, ela avistou o navio de Eetes, seu pai, a quem abandonara outrora para seguir Teseu. Fora esposa de Jasão e o ajudara na conquista do Velocino de Ouro, em Cólquida, situada nesta mesma praia, um pouco mais para o norte. Ela havia matado... Mas já contei essa história. Vejo diante de mim a bela feiticeira, com o olhar repleto de angústia, errando por estas praias estranhas. Seu pai a reencontrara, enfim, ia desembarcar e ela já não podia escapar à sua cólera..."[2]

Como havia marcado anteriormente, na versão de Sêneca, Medeia dirá a Jasão: "Você me deve um irmão." Também há essa queixa na peça de Eurípedes: ela sacrificou um irmão por seu amor por Jasão e ele lhe deve esse irmão. Ao que ele responde que, em compensação, havia lhe dado dois filhos. Ela torna a cobrá-lo pelo irmão. Essa dívida do irmão é mais enfatizada na peça de Sêneca. Também encontrei isso na peça *Trágica.3*, dirigida por Guilherme

---

[2] HORIA, Vintila. *Deus nasceu no exílio*. São Paulo: Editora Flamboyant, 1961, p. 43-44.

Leme[3]. Nela, Leme apresenta três trágicas das tragédias gregas: Electra, Medeia e Antígona. Na referida peça, a ordem de apresentação dessas trágicas é a seguinte: primeiro Antígona, representada por Letícia Sabatela, a jovem tebana, filha de Édipo, emparedada viva por descumprir a ordem de Creonte, seu tio, e enterrar o irmão Polinice, proscrito pelo tio tirano. Depois, a Electra da atriz Miwa Yanagizawa, uma irmã que espera o retorno do irmão Orestes, que vingará a morte do pai Agamenon, pela própria mãe Clitemnestra e seu amante Egisto. Electra salvou o irmão quando criança, mandando-o ao exílio. Ela vive como escrava, banida do palácio real, ela, a filha do assassinado rei Agamenon. E espera sua vingança. Será pelas mãos desse irmão, que ela tanto ama e espera, que sua vingança se concretizará.

E a terceira trágica, Medeia, representada por Denise Del Vecchio, de uma grandeza inigualável no palco. Ela é a mulher que está envelhecendo, que se desfez de tudo pelo amor por um homem. A direção de Guilherme Leme consegue salientar a grandeza da vingança de Medeia. O amor por um irmão aparece em todas elas. A primeira, disposta a morrer para respeitar seu irmão. Fosse ele quem fosse, ávido de poder, guerreiro insano em disputa com o outro irmão — não importa, ele merece os ritos fúnebres. E ela pagará com a vida por isso. É por isso que ela é a imagem da ética. A ética dos laços sociais que se sobrepõem à lei instituída por um tirano. Lacan dedicou um ano inteiro de seu ensino a comentar sua ética.

Em seguida, Electra, centrada no amor pelo pai e pelo irmão, e no ódio à mãe. Essa lasciva que, pelas mãos de Egisto,

---

[3] Assisti a *Trágica.3* no dia 28 de novembro de 2015, no Teatro Aracy Balabanian, em Campo Grande, Mato Grosso do Sul.

matou o marido, o pai de seus filhos, deitou-se com o assassino e, vivendo com ele, deixou-o se sentar no trono que seria de seus filhos. Uma mãe que passa a perna nos filhos por causa de um homem. Electra vai mostrar a ela, pelas mãos de um irmão, como os laços familiares são superiores a tudo.

E Medeia, que se dispôs a tudo por Jasão e foi traída por ele. Eu já havia lido *Medeia* várias vezes, mas nunca tomara a peça pelo viés que o diretor apresentou. Mais do que repetir a traição de Jasão com outra mulher, o diretor a coloca a repetir "Jasão, você me deve um irmão". E o ator, que é quase apenas uma voz do lado escuro do palco, responde: "te dei dois filhos no lugar de um irmão". Mais adiante, ela repete: "você me deve um irmão." E, novamente, reclama a Jasão sua dívida: "você me deve um irmão."

Assim, a Medeia de Guilherme Leme pode se perdoar de tudo, menos do que fez a um irmão. Mesmo tendo uma nova pátria, tendo um marido, tendo filhos, não se apaga um irmão. Tendo perdido quase tudo, em vias de perder os filhos pelos assassinatos que ela mesma cometerá, aquilo de que não se pode perdoar é de ter sacrificado um irmão.

Quando Jasão faz a equação de dois filhos por um irmão, o que Medeia mostra é que não se faz uma equação disso. Um irmão é um irmão.

Faço analogia com uma cena de *Hamlet* em que sua amada Ofélia está morta e o irmão dela, Laerte, demonstra o sofrimento pela perda da irmã amada. Nesse momento, Hamlet afirma que "nem 40 mil irmãos juntos são capazes de amar Ofélia tanto quanto eu amo."[4] Há, portanto, a ideia do amor do irmão.

---

[4] SHAKESPEARE, William. *Hamlet*. Trad. Carlos de Almeida Cunha Medeiros e Oscar Mendes. Rio de Janeiro: José Aguilar Editora, 1969, p. 607.

Isso é interessante se o relacionamos com o que se encontra em Sófocles a propósito de Antígona. O que é o mais doloroso, para o luto de Antígona, é que se trata da perda de um irmão. Dito de outro modo: para um homem, ela não teria feito um luto equivalente. O que isso quer dizer? Um irmão não se encontra. Tem-se um irmão, a mãe não pode produzir outro; um homem, por sua vez, pode-se encontrar outro.[5]

Medeia, portanto, poderia encontrar outro homem; mas e outro irmão, teria ela como encontrar? Um irmão é único, mas um homem não. Medeia, porém, só faz essa equação depois que perde Jasão. Anteriormente, fizera outra equação: quando estava no navio dos argonautas, fugindo pelo Mar Negro da perseguição de seu pai, havia calculado que o sacrifício de seu irmão atrasaria o pai, permitindo que ela e Jasão fugissem e continuassem juntos. Ali, ela escolheu o amor pelo homem em detrimento do amor pelo irmão. O amor por Jasão valeria como "40 mil irmãos".

Mas podemos entender o termo "irmão" para além das "tralhas da família", dessa "barulheira familiar", sustenta Lacan nos parágrafos finais de seu seminário 19, ...*ou pior*[6]. O termo irmão está em todos os muros, sustenta Lacan: "Liberdade, igualdade e fraternidade". Ao que pergunta: de quem somos irmãos? É de uma identificação que Lacan está falando. No Brasil de agora, com o fenômeno de massa nacionalista, a palavra de ordem é "Deus, Pátria e família" — e

---

[5] IZCOVICH, Luis. *A identidade: escolha ou destino*. São Paulo: Aller Editora, 2022, p. 143.
[6] LACAN, Jacques. *O seminário, livro 19: ...ou pior*. Rio de Janeiro: Jorge Zahar Editor, 2012, p. 227.

liberdade de ter armas e dizer tudo o que se quiser a qualquer um. É a identificação a uma irmandade que só foi tornada possível porque houve um líder que os tornou irmãos. Mas, voltando à clínica psicanalítica, Lacan pergunta: o que nos liga àquele que embarca conosco na chamada posição de paciente? "Somos irmãos de nosso paciente, na medida em que, como ele, somos filhos do discurso."[7]

Nas frases finais do seminário ...*ou pior*, Lacan destaca que essa ideia de união, de fraternidade, se baseia num universal, "a palavra irmão está envolta nos panos dos bons sentimentos, mas ela não pinta um futuro cor-de-rosa, ela se enraíza no corpo e vai dar no racismo."[8] Um pouco antes, na mesma aula, Lacan sustentou que há casos em que não se pode resolver a fantasia, "isto é, perceber que o desejo — permitam-me que eu me exprima assim, já que estou no final — não tem razão de ser. É que se produziu algo que é o encontro do qual provém a neurose, a cabeça de Medusa, a fenda de agora há pouco, diretamente vista, ao passo que ela, por sua vez, não tem solução."[9] Ao que conclui: o que nasce de uma análise é a merda do objeto *a* que lhe propõe a figura de seu analista[10].

Medeia clama por uma fraternidade, ela realiza o objeto *a* que é, caída, ejetada do Outro, que já está em nova conquista[11], por isso seu ódio é um sentimento lúcido, real, ela

---

[7] *Idem, ibidem.*
[8] *Idem*, p. 227.
[9] *Idem*, p. 226.
[10] *Idem*, p. 227.
[11] Antes de chegar à Cólquida, Jasão parou na ilha de Lemnos e se envolveu com a rainha Hipsípila, prometeu voltar depois de conquistado o Velocino de Ouro, mas nunca o fez. A carta número 6 das *Epistolae Heroidum* é a carta de Hipsípila a Jasão. OVÍDIO. *Cartas de las heroínas*. Trad. Ana Pérez Veja. Madrid: Editorial Gredos, 1994. Ela escreve para ele,

tem um saber sobre esse horror. Nisso ela é irmã de Electra, outra que empreende uma vingança por um irmão: sem resolver a fantasia, olhando diretamente para o que não se olha — a cabeça de Medusa — diante do impossível do real, realizando o *a* que são. Lacan marcou bem essa posição de Electra: "Na tragédia grega, e isso não escapou à perspicácia de Giraudoux, a mais profunda queixa de Electra em relação a Clitemnestra é que, um dia, ela a deixou escorregar de seus braços."[12]

---

lembra que ele passou pela ilha em que ela reinava, ficou lá dois verões e dois invernos, antes de prosseguir até a Cólquida; compartilhou com ela seus feitos, fez promessas e a deixou grávida. Ela conta que teve gêmeos, seus filhos. Ficou sabendo que ele saiu vitorioso da Cólquida, com o Velocino de Ouro e uma mulher envenenadora, ocupando um lugar de esposa que era para ser seu. Relembra a ele o que ele falou: "se me arranca daqui o destino, que ele permita o meu regresso, saio daqui como esposo teu e esposo teu sempre serei. Que viva o que de nós guarda teu grávido ventre, e sejamos, tu e eu, seus pais" (p. 63). Ela lembra das lágrimas que desciam até sua boca mentirosa. Ela se diz vítima de uma rival estrangeira, dona de encantamentos, que sabe sobre as ervas maléficas, que altera a órbita da lua e esconde nas névoas, os cavalos do Rei Sol, seu avô. Ela freia a água dos rios sinuosos e muda os bosques e rochas de lugar. E chama Jasão de inconstante, o mais covarde dos homens, "mais inseguro que o vento na primavera" (p. 65). Esteve a ponto de mandar seus filhos para viver com ele e a madrasta, Medeia, mas desistiu da ideia, teve medo do que ela pudesse fazer com as crianças. Relembra a ele que ela traiu um pai, esquartejou um irmão. Ela imagina uma cena: e se ele e sua esposa retornassem à ilha de Lemnos, conseguiria ele olhá-la nos olhos? "Te faltaria tempo para pedir que a terra te tragasse. Com que cara iria olhar para mim e às crianças, malvado, e que morte mereceria em pagamento pela sua infidelidade?" (p. 66). E ainda avisa que, se encarrasse Medeia, caso ela viesse junto, seria uma luta, Medeia com Medeia. E para finalizar, Hipsípila faz seu vaticínio: igual abandonou a mim, esposa e mãe de dois filhos, que abandone a ela também. E de jeito pior, como uma desterrada, buscando refúgio em todo orbe. Que ela lhe seja tão cruel como foi com o pai e o irmão. Encerra sua carta para Jasão desejando que Medeia "vague pobre e desesperada, manchada do sangue dos seus" (p. 67).

[12] LACAN, Jacques. *O seminário, livro 10: A angústia*. Rio de Janeiro: Jorge Zahar Editor, 2005, p. 137.

Um irmão que não salvaram, porque ninguém se salva do real. Um remédio poderia ser desejar, condescender ao gozo e desejar, um remédio que carrega as marcas da identidade de gozo — e não da irmandade identitária — que cada um é. A saída pela irmandade é o horror, a identificação que só reforça o ódio, o imaginário, e vai dar no racismo, como nos alertara Lacan.

Para encerrar, retomo a personagem de Horia em *Deus nasceu no exílio*: o Ovídio exilado, vivendo no lugar onde um irmão foi sacrificado: sentia que morreria em Tomis, por culpa do tirano Augusto. No último momento, sonhando com sua Roma, com a Via Ápia, com o Trastevere, com Corina, a mulher amada, fechou os olhos e imaginou seu irmão falando consigo, ao longe, no mar "que se tornou azul escuro e severo. Nele, as gaivotas gritavam: Medeiaaaa, Medeiaaaa."[13] Ovídio é como Medeia, longe da terra natal, se afundando num mar de ódio, num fratricídio. "Ela ia responder de um momento para outro. Ia aparecer sobre o penhasco para matar seu irmão, o meu irmão."[14] Aqui, ele se mistura a Medeia, ele é ela: *Medea nunc sum*. E, assim, morre em Tomis, no ano 12 d.C., como o irmão de Medeia, morto no penhasco frio e escuro, como esse irmão insepulto. Ovídio identificado a Medeia, mas também a seu próprio irmão, de quem sente tantas saudades e que morreu na juventude.

Ovídio é irmão de Medeia como irmãos no discurso: exilados, carregando a terra natal na sola dos sapatos[15]. Mas

---

[13] HORIA, Vintila. *Deus nasceu no exílio*. São Paulo: Editora Flamboyant, 1961, p. 240.
[14] *Idem, ibidem*.
[15] Lacan, falando sobre o ideal do eu, em seu seminário sobre *As formações do inconsciente*, alega que ele permanece no sujeito "exatamente como

também podemos entender que se identificou com ela por estar vivendo longe do irmão de sangue, por ter uma dívida para com ele. Isso faz parte das "tralhas" e da "barulheira" familiar, mas são onde um sujeito se agarra, um chão, a um convívio, um laço que o torna menos desarraigado, menos estrangeiro, menos des-ser, menos desterrado.

---

a pátria que o exilado carrega na sola dos sapatos." LACAN, Jacques. *O seminário, livro 5: As formações do inconsciente*. Rio de Janeiro: Jorge Zahar Editor, 1998, p. 301.

CAPITULO 7
A DESTERRADA

> Não existe maior desgraça do que
> a de sermos privados da terra natal.
> EURÍPEDES, *MEDEIA*.

Ovídio nasceu em março de 43 a.C., na cidade de Sulmona, próxima de Roma. De uma família de grandes cavaleiros, seu pai tentou impulsionar os filhos para carreiras políticas, mas só teve sucesso com o irmão mais velho de Ovídio. Já Ovídio, abraçou a literatura e dela não saiu mais. Seu livro *Ars amatoria* — *A arte de amar* — ganhou projeção em todo o Império Romano, bem como a resistência dos moralistas, incluindo o imperador Augusto. A *Ars amatoria* foi publicada aproximadamente em 2 d.C. e, em 8 d.C, ocorreu o enfrentamento com Augusto. Ele o exilou em Tomis, na terra dos Getas, depois do Ponto Euxino, entre os bárbaros. Lá, no gélido litoral de Tomis, no Mar Negro, ele viveu longos anos e acreditou poder voltar à sua amada Roma após a morte de Augusto. Mas nunca conseguiu sair de seu desterro — foi ali mesmo que morreu. Foi aí que escreveu duas publicações. No ano 8 d.C., ainda no navio, singrando o Mar Adriático a caminho de Tomis, escreveu *Tristia* (*Tristezas*) e, anos depois, escreveu as *Epistolae ex Ponto* (*Cartas Pônticas*), ou seja, as epístolas escritas para além do Ponto Euxino, *ex*, fora do Império Romano. Traduzir suas epístolas para pônticas, apaga o desterro que Ovídio salientou com o *ex Ponto*[1]. O *ex* é para marcar sua condição de estar fora, expatriado, separado de sua pátria, afastado

O romance *Deus nasceu no exílio*, de Horia, foi muito influenciado pelo primeiro texto, *Tristia*, mais do que pelo segundo, *Epistolae ex Ponto*. As descrições da personagem Ovídio se assemelham muito com aquilo que é retratado no próprio texto de Ovídio: a tristeza do desterrado. Horia usa o significante "exílio", mas não é assim que Ovídio se designa: seu adjetivo é "desterrado". Começa seu livro *Tristia* dizendo-se um desterrado, com sua infelicidade, sua tristeza que se impõe aos tempos. Atribui seu desterro ao fato de ter escrito a *Ars amatoria*. Com essa obra já pagou a "merecida pena". Também se diz um desvalido, sente-se um joguete do mar, dos ventos e das sombrias tempestades. Alega que não teme a morte e sim essa forma horrível de morrer, no desterro, como um verme. O que ele espera é pisar em Roma com "o único pé que me é possível"[2]. Ou seja, pisar com sua poesia elegíaca do desterro, em Roma. Seu pé é um verso, um poema, um livro, uma escrita. Lá, na inóspita, erma e selvagem praia de Tomis, pode escrever, e sua escrita caminhou, marchou até Roma. Na verdade, caminhou mundo a

---

[1] Queixa-se da pouca qualidade literária dos poemas do desterro, que são classificados como de escrita medíocre. OVÍDIO. *Cartas pônticas*. Trad. Geraldo José Albino. São Paulo: Martins Fontes, 2009, p. 22.

[2] OVÍDIO. *Tristezas*. Tradução e notas de Pedro Schmidt. São Paulo: Editora Mnema, 2023, p. 43.

fora, através dos tempos: pois eis-me aqui, nesse dia de sol, num sábado de maio, aprisionada pela *Tristia*[3].

Já nas *Epistolae ex Ponto*, Ovídio escreve "Se alguém se lembrar de mim e perguntar como estou, diga que vivo, mas não afirmes que estou são e salvo"[4]. Tudo isso já na primeira elegia. Assim como Ovídio marcou o prefixo *ex*, ele fez o mesmo com o uso do *des*: "desterrado", "desgraçado", "desvalido", "desventurado", "destroçado". Em uma das cartas *ex Ponto*, escrevendo a um amigo, pede que ele preste honras devidas aos amigos falecidos e também o conte, Ovídio, entre os mortos[5]. Durante a escrita deste parágrafo, escutei pela manhã o depoimento de passe de Elynes Barros Lima. Ela conta que, a partir do significante "*des*colada", que "inaugurou a série significante que foi a trilha sonora de sua análise", chegou a outros, como "desterro", "destroços", "descaminhos", "desentoada", "dissidente", "descrente" e "descompletada"[6].

---

[3] Só que ele não gostou de sua escrita do desterro, achava que a tristeza atrapalhava sua poesia pois ela deveria nascer de "um ânimo sereno; meu coração está nublado por males súbitos" (*Idem, ibidem*). E ainda: "A poesia exige a tranquilidade e a calma do escritor; atormentam-me o mar, os ventos, o hostil inverno." *Idem*, p. 45.

[4] OVÍDIO. *Cartas* pônticas. Trad. Geraldo José Albino. São Paulo: Martins Fontes, 2009, p. 38.

[5] *Idem, ibidem*.

[6] "A trilha sonora da análise", depoimento de passe da nova AE da EPFCL-Brasil, Elynes Barros Lima. 15 de abril de 2023, Campo Grande/MS. Mas a lista de *des* de Elynes termina com "desvios", o da poesia de Manoel de Barros: "pois é nos desvios que se encontram as melhores surpresas e os araticuns maduros. Há que apenas saber errar bem o seu idioma." Ovídio e sua personagem Medeia não conseguiram fazer do desterro uma errância que permitisse os desvios por outros idiomas. Ele reclamava demais que não entendia a língua dos getas e eles não sabiam o latim. Eles não conseguiram, como Elynes, o desvio pelos araticuns maduros, ficaram *ex Ponto*, o desterro como o horror.

A DESTERRADA

Ovídio, o desterrado, era quase um obsedado pela personagem de Medeia. Ela aparece duas vezes em suas *Epistolae heroidum*, tanto na carta 6, escrita por Hipsípila a Jasão, quanto na carta 12, que Medeia escreve para Jasão. O poeta também escreveu uma peça intitulada *Medeia*, que foi perdida e da qual não sobreviveu nem mesmo pequenos extratos, além de ter tratado dela e da expedição dos argonautas nas *Metamorfoses*. Em seus escritos do desterro — *Tristia* e *Epistolae ex Ponto* —, compara-se a Medeia. E, numa carta, também a Jasão. Ana Pérez Veja nota como é chamativa a recorrência a Medeia na obra de Ovídio[7].

Essas *Cartas das heroínas* (*Epistolae heroidum*) são cartas de mulheres lendárias — algumas foram personagens mitológicas, outras, personagens históricas — para seus amados ausentes. A Medeia desterrada é criação de Ovídio, enfatizada por ele, inclusive identificando-se com ela, o que foi muito bem salientado no romance de Vintila Horia. Mas a condição de exilada e de desterrada depois que perdeu seu solo, seu chão, que era seu amor por Jasão, já estava bem marcada na peça de Eurípedes.

Nessa décima segunda carta das *Cartas das Heroínas*, ela, a repudiada, pobre e desterrada escreve que deveria ter pedido às Parcas, essas que tecem os destinos dos homens, que lhe tivessem esvaziado os ossos — acabado com sua vida — antes, quando ele ainda lhe dedicava tempo; ali ainda poderia ter morrido bem. Agora não dá mais. Gostou mais do que devia desse homem tão belo. Quantas desgraças, quantas perfídias fez por ele. É um desagradecido dos

---

[7] OVÍDIO. *Cartas de las heroínas*. Trad. Ana Pérez Veja. Madrid: Editorial Gredos, 1994, p. 112.

favores que ela lhe fez[8]. "Te vi e me perdi. Tu eras belo, e ademais me arrastava à minha sina; teus olhos me roubaram o olhar."[9] E ela vai dizer o que deixou por ele: traiu o pai, abandonou o reino e a pátria; deu a ele como presente poder estar exilada e sua virgindade perdida como um butim de um marido estrangeiro. Eis como Ovídio coloca as coisas: poder ser uma exilada, como um presente; a virgindade lhe foi tomada, um butim. Eis aí o defloramento e a relação primitiva de hostilidade, como Freud sustentou em seu texto "O tabu da virgindade". "Junto com minha amada mãe, deixei uma excelente irmã"[10]. Quanto ao irmão, nem consegue escrever, sustenta. Devia ser despedaçada ela. Observem bem que o amor vai à mãe e à irmã, não para o pai. E segue a carta assinalando que saiu da casa de Éson com os dois filhos. E o que sempre a seguiu foi o amor por ele. "Por ti deixei tantas coisas, louca de mim."[11] Sabe que se deixará levar pela ira. A carta termina assim: assinalando que seu coração sabe que começará a tramar algo espantoso. Assim como não pode descrever o que fez ao irmão, não pode ser escrito o que fará aos filhos. Tamanhos crimes não cabem em palavras, não se escrevem.

Voltando à peça de Eurípedes, o coro lamenta o exílio: é arrastar-se na miséria, na mais penosa existência. De todas

---

[8] Em vários momentos de sua obra, Ovídio adjetiva Jasão dessa maneira: "desagradecido", não "ingrato". Em suas *Epistolae ex Ponto*, numa das cartas a um amigo, escreve *"Ad ingratum"*, "Ao ingrato". Mas, para Jasão, escreve do *des*agradecido. Jasão também é *des*. OVÍDIO. *Cartas pônticas*. Trad. Geraldo José Albino. São Paulo: Martins Fontes, 2009, p. 106.
[9] OVÍDIO. *Cartas de las heroínas*. Trad. Ana Pérez Veja. Madrid: Editorial Gredos, 1994, p. 108.
[10] *Idem*, p. 110.
[11] *Idem, ibidem*.

as dores, é a mais digna de piedade. "Não existe maior desgraça do que a de sermos privados da terra natal."¹² Não ter mais casa nem refúgio em sua infelicidade. "Fui insensata no dia em que abandonei o lar paterno, seduzida pelas promessas desse grego que saberei punir com a ajuda dos deuses."¹³ Naquele momento, quando já estava até questionando a serventia de sua vida, encontrou Egeu como "o porto onde os meus desígnios cumpridos encontrarão refúgio, onde amarrarei o cabo de minha popa, quando serei chegada à cidade e sobre a colina de Palas."¹⁴ E ele jura que irá recebê-la em Atenas; ele, o rei, o porto seguro, o refúgio para ela.

Egeu foi ao tempo de Apolo, em Corinto, para perguntar como poderia ter filhos. A profecia que escutou da pitonisa do templo foi que estava proibido de desprender o pé que saía da ostra¹⁵. Na tradução que Brandão segue em sua *Mitologia grega*, consta que Egeu foi "proibido de desatar a boca do odre antes de chegar a Atenas."¹⁶ O autor lembra que vários intérpretes entenderam que a resposta oracular significava que Apolo proibia ao rei "antes de retornar a Atenas, ter qualquer contato sexual fosse com que mulher fosse."¹⁷ Na tradução do escritor Menelaos Stephanides, a profecia está assim: "Rei dos povos, não desamarre o odre até chegar à Acrópoles de Atenas."¹⁸ Tenho comigo três traduções de *Medeia*, todas

---

¹² EURÍPEDES. *Medeia*. Trad. Miroel Silveira e Júnia Silveira Gonçalves. São Paulo: Editora Abril Cultural, 1976, p. 29.
¹³ *Idem*, p. 37.
¹⁴ *Idem*, p. 36.
¹⁵ *Idem*, p. 31.
¹⁶ BRANDÃO, Junito. *Mitologia grega*. Volume III. 3ª Edição. Petrópolis: Vozes, 1990, p. 151.
¹⁷ *Idem, ibidem*.
¹⁸ STEPHANIDES, Menelaos. *Teseu, Perseu e outros mitos*. Trad. Janaina R. M. Potzmann. São Paulo: Ed. Odysseus, 2015, p. 62.

diferentes, mas todas marcando que a profecia proibia de retirar o pé do odre antes de chegar a Atenas[19].

Eurípedes coloca o personagem Egeu na peça *Medeia* como tendo recém-saído do templo. Ele conta a Medeia o porquê de estar lá, em Corinto[20]. Ela se surpreende: Como? Viveste sem filhos até o dia de hoje? Ela lhe conta a traição de Jasão e pede asilo a ele. Ele aceita dá-lo, mas ela terá que chegar até Atenas por si mesma. Deixando Corinto, Egeu vai encontrar Piteu, o rei de Trezena, um sábio que poderá ajudá-lo a decifrar a profecia. Medeia o havia incentivado a ir a Trezena. Terá ela entendido a profecia? Segundo alguns autores — Junito Brandão é um deles — sim, ela havia entendido; segundo outros, ela fez até mais do que isso. Piteu responde a Egeu que o oráculo quis dizer que Egeu teria um herdeiro. A única filha de Piteu, Etra, tornara-se noiva de um homem que havia ido à guerra há tempos e que não voltara. Estava numa espera sem fim, mas não podia casar-se com outro. O pai tramou para que Egeu se deitasse com sua filha para que "condenada a não conhecer as alegrias do casamento", não fosse "privada também da alegria da maternidade"[21].

Assim, Egeu passa a noite com ela e só deixa Trezena tendo acreditado que gerou um herdeiro. Porém, após Egeu sair de

---

[19] A tradução de Miroel Silveira, para a Editora Abril Cultural, tem a seguinte frase: "não desprenda o pé que sai da ostra"; a de Trajano Vieira, para a Editora 34, é "não desates do odre o pé que pende" (p. 85); e a de Jaa Torrano, de uma obra do Teatro Completo de Eurípedes, também para a Editora 34, está assim: "do saco não soltar eu o proeminente pé..." (p.690). Tantas versões para a seguinte frase: ἀσκοῦ με τον προύχοντα μὴ λῦσαι πόδα...

[20] EURÍPEDES. *Medeia*. Trad. Miroel Silveira e Júnia Silveira Gonçalves. São Paulo: Editora Abril Cultural, 1976, p. 33.

[21] STEPHANIDES, Menelaos. *Teseu, Perseu e outros mitos*. Trad. Janaina R. M. Potzmann. São Paulo: Ed. Odysseus, 2015, p. 62.

seu quarto, Etra vê a imagem da deusa Atena chamá-la, tem de ir até uma ilha; obedecendo à deusa, vai, é puxada para uma caverna e é possuída por Poseidon. Tudo trama da feiticeira Medeia para dar uma paternidade a Egeu[22]. A criança que gerará será Teseu, o grande herói grego, filho de um rei que crê ser seu pai e de um pai deus dos mares. Assim, na mitologia, Teseu tem uma paternidade complicada. Egeu, por sua vez, era esse rei sem progenitura que, quando crê tê-la conseguido, será somente para ser enganado pelos deuses. Tal como Édipo, ao receber sua profecia do oráculo, faz um caminho para dela fugir e é exatamente aí que cai nela. Aliás, a profecia de Egeu, assim como a de Édipo, tem relação com o pé.

Édipo era da dinastia dos labdácidas, descendentes do manco Lábdaco, de Tebas, assim como era manca Lábda, filha de Anfíon, da dinastia dos báquidas, tiranos de Corinto — novamente estamos na Corinto dos tiranos. A claudicação era uma marca familiar, uma assimetria que marca um destino singular: Édipo terá os pés furados, pois foi por eles que foi exposto, pendurado para morrer[23]. Já com Egeu, a profecia o proíbe de tirar o pé, esse que pende do odre. E ele não o deixa pendido; ele o utiliza e faz um filho em Etra. Para os estudiosos da mitologia, o pé entra na profecia como metáfora do pênis; para os psicanalistas, pode-se dizer simplesmente "como um significante fálico". Aliás, creio que o odre também participa da metáfora: era uma espécie de cantil para transportar líquidos, com o formato de um saco, feito de pele e couro de animal.

---

[22] *Idem*, p. 65.
[23] BRUNETTO, Andrea. *Psicanálise e educação: sobre Hefesto, Édipo e outros desamparados dos dias de hoje*. Campo Grande: Editora da UFMS, 2008, p. 73.

Oidipous pode ser traduzido por *Eu-sei-do-pé*, assinala Quinet, em Édipo ao pé da letra: "Édipo carrega no pé e no nome um saber não-sabido como o inconsciente que se inscreve no corpo de cada um e está na *lalíngua* que lhe é própria. Ele carrega no pé o real — mistério do inconsciente."[24] Também Egeu carrega um saber não-sabido. Quando tira o pé do odre diante do *héteros*, é porque está caminhando para ter uma filiação, está guiado pela sua causa e não pela paixão da ignorância.

Muitos autores atribuíram a paternidade de Teseu a Poseidon, o genitor. Entretanto, podemos entrar nessa discussão a partir da psicanálise: quem é o pai? O que transmite seus genes ou o que dá um nome, um desejo, o que enlaça a criança num discurso? Ou dizendo como Lacan o faz no seminário *RSI*, o que toma uma mulher como causa de seu desejo? Ou seja, o desejante, em falta, que pagou o preço da castração[25]. Para a psicanálise, esse é o pai, o que merece o amor e o respeito de seus filhos: o que toma uma mulher como causa de seu desejo.

Mesmo sendo gerado por Poseidon, será Egeu a lhe dar suas sandálias, com sua insígnia, para que o filho possa usar quando crescer[26], como documentos guardados no bolso que o garoto, futuro homem, poderá sacar para usar[27].

---

[24] QUINET, Antonio. *Édipo ao pé da letra. Fragmentos de tragédia e psicanálise*. Rio de Janeiro: Jorge Zahar Editor, 2015, p. 109.

[25] LACAN, Jacques. *Seminário 22: RSI*. Aula de 21 de janeiro de 1975. Inédito.

[26] STEPHANIDES, Menelaos. *Teseu, Perseu e outros mitos*. Trad. Janaina Potzmann. São Paulo: Ed. Odysseus, 2015, p. 62.

[27] "Não estou dizendo que desde logo e imediatamente ele seja um pequeno macho, mas ele pode tornar-se alguém, com seus títulos de propriedade no bolso, com a coisa guardada, e, quando chegar o momento, se tudo correr bem, se o gato não o comer, no momento da puberdade, ele terá seu pênis

A DESTERRADA

Assim, Egeu pensa com o pé, um pensar fálico, a irrupção do gozo fálico, mas, também, "tratar-se-ia de vocês deixarem aí [...] algo muito diferente de um membro, a saber, esse objeto insensato que especifiquei pelo a"[28], esse "objeto esvaziado de substância" que Lacan colocou como a causa do desejo.

Em oposição a um pensar com a cabeça, como Rodin ou como o sujeito bem centrado em seu pensamento o faz, Lacan propõe "pensar com os pés". É uma proposta de descentramento do eu pensante, uma outra orientação, que é uma marcha: é um passo. Soler[29] entende que Lacan propõe uma ideia, um pensamento pragmático para se orientar, no coração do discurso psicanalítico, um pensamento utilitário, segundo Jeremy Bentham, os pés que possibilitam avançar em outra direção. Lacan propõe o pensar com os pés em um texto em que define o sintoma a partir do real. "O sintoma é irrupção dessa anomalia na qual consiste o gozo fálico, na medida em que aí se desdobra, se expande, essa falta fundamental que qualifico pela não relação sexual."[30] Quinet encerra seu livro *Édipo ao pé da letra* com o "pensar com os pés" de Édipo: caminha manco, guiado pelo desejo de saber, pensando com os pés, olhando para os pés e ouvindo seus pés. Ele é a resposta para o enigma da Esfinge[31].

---

prontinho, junto com seu certificado — Aí está papai que no momento certo o conferiu a mim." LACAN, Jacques. *O Seminário, livro 5: As formações do inconsciente*. Rio de Janeiro: Jorge Zahar Editor, 1999, p. 176.

[28] LACAN, Jacques. "A terceira". In: LACAN, J.; MILLER, J-A. *A terceira — Teoria de lalíngua*. Trad. Teresinha Prado. Rio de Janeiro: Jorge Zahar Editor, 2022, p. 20.

[29] SOLER, Colette. "La troisième de Jacques Lacan". Séminaire de lecture de texte, année 2005-2006. Inédito.

[30] *Idem*, p. 54.

[31] QUINET, Antonio. *Édipo ao pé da letra. Fragmentos de tragédia e psicanálise*. Rio de Janeiro: Jorge Zahar Editor, 2015, p. 175.

Pensar com os pés como um saber sobre o desejo que também se aplica a Egeu: ele orienta seu pé para outra direção. Egeu já anunciou a Medeia: ser pai é o maior de seus desejos[32]. E só o realizará no encontro com o *héteros*: deita-se com uma mulher estrangeira prometida a outro para lhe dar um filho. Posteriormente, se casará com outra estrangeira: a feiticeira Medeia, a que perde seu solo pátrio que era seu amor por Jasão, o belo, o desagradecido. Ele desobedece ao imperativo do Outro que lhe proibia o desejo sexual em terra estrangeira, que interditava o fálico com o *héteros*. Só assim sustenta a causa de seu desejo. É um ato de separação.

A paternidade perdida será um sofrimento para Jasão, também a paternidade será o motivo da morte de Creonte: o amor pela filha acima do reinado. Se a peça pode ser entendida como uma lição sobre o amor ou sobre o ódio, ou mesmo sobre a vingança, como sustentei em capítulos anteriores, também o pode como uma lição sobre a filiação. O coro da peça apregoa: "Os que não têm filhos não podem julgar se a paternidade é para os mortais uma fonte de alegrias ou de dores, pois lhes é desconhecida, eles escapam a muitas angústias."[33] Egeu é o único rei não tirano que aparece na peça, diferente de Creonte, Pélias, Eetes. É o único sem filhos, o único rei que sabe que está nu; está nu, mas com sua causa. E Medeia, ceifando a paternidade dos reis e candidatos a tal — e também a sua própria maternidade —, é a mãe castrada por excelência. A mãe de um povo, os medos. Ela serviu a Eurípedes para mostrar que o amor à pátria, a um homem,

---

[32] EURÍPEDES. *Medeia*. Trad. Miroel Silveira e Júnia Silveira Gonçalves. São Paulo: Editora Abril Cultural, 1976, p. 34.

[33] *Idem*, p. 47.

aos filhos, e mesmo ao poder, é uma ancoragem frágil — ou podemos dizer, apenas um véu, máscara, semblante — para o sujeito estacionar seu ser.

A peça de Eurípedes termina com a esperança de um encontro futuro entre Medeia e Egeu, o futuro pai, em outro reino, o dele, Atenas. E se casarão. Sabemos disso por outros poemas e epopeias. Não serão felizes para sempre porque isso não está prometido para os humanos, nem para os reis, nem para as feiticeiras. Nem para os deuses, já que a relação sexual não cessa de não se escrever — e de se intrometer no meio dos caminhos. É por isso que as personagens metem os pés pelas mãos, essas que estão meio cheias e meio vazias de gozo, que, aliás, escorre entre os dedos. O real está na mão, sustenta Lacan em *RSI*, entre os dedos[34]. O desterro do sujeito é por esse real que não tem sentido nenhum, *des-sens*. Já que Ovídio e Elynes Barros Lima fizeram sua lista de *des*, encerro com a minha: o sujeito é *des*centrado, *des*locado, *des*memoriado, *des*iludido, *des*-ser, *des*tinado ao sexual; *des*tinado a sustentar o *des*ejo e sua causa irrefutável, o objeto *a*.

---

[34] LACAN, Jacques. *Seminário 22: RSI*. Aula de 18 de março de 1975. Inédito.

CONCLUSÃO

Os anos pandêmicos foram tempos de proliferação de muito ódio, intolerância, paixão da ignorância, com seu descrédito na ciência, a propagação de dúvidas contra as vacinas, xenofobia, segregação, racismo. E também o uso de inteligência artificial e utilização de robôs para envio, pelas redes sociais, de mensagens a milhões de pessoas propagando teorias conspiratórias e construindo um suposto inimigo como um ser do mal, um *héteros* do qual "preciso me defender", pois "quer me destruir". O que tais teorias fazem é fortalecer um imaginário dual: ou ele ou eu, se eu existo, o outro não pode existir. Concomitante a isso, houve — e continua havendo — a exacerbação dos nacionalismos, em vários lugares do mundo — sobretudo no Brasil — que traçou uma fronteira entre o "nós e eles", que retomou o ódio ao estrangeiro, tornando o imigrante *persona non grata*.

Depois de tudo que escrevi sobre Medeia não dá para achar que esse é um problema novo. Há, porém, períodos de recrudescimentos. Conflitos bélicos continuaram pelo mundo, novas guerras começaram com brigas por fronteiras de países (e, inclusive, fazendo pairar no horizonte a possibilidade de que o conflito se torne nuclear), mostrando bem o que Freud sustentou sobre o narcisismo das pequenas diferenças. Há uma fronteira tênue entre o amor pela pátria e o sofrimento que é viver no exílio, como um desterrado, e a criação de uma irmandade do ódio: o "todos irmãos" vai dar no ódio e no racismo, nos lembra Lacan[1].

Estaríamos nós como os gregos que Medeia denuncia, despudorados na relação com o gozo? Sem respeito pelas leis, pela ética? É certo que o amor, o ódio e a vingança passeiam entre os humanos desde sempre, mas quando a vida da coletividade está em perigo, como durante uma pandemia, essa vida que está sempre em risco torna-se mais arriscada ainda? Com o real da morte ceifando milhões de corpos, talvez a sensação de risco seja maior. E exatamente nesses períodos, em que a segregação e o ódio mostram suas carrancas mais horríveis, é quando mais precisamos do discurso amoroso. Não escrevo apenas "do amor", mas "do discurso"; o amor precisa de palavras, precisa que se o diga, propagado, rabiscado, cantado, desenhado nos muros, nas telas, nos laços sociais, nos abraços entre os casais.

A alegria, o respeito, o entusiasmo colocaram-nos, a nós, psicanalistas, em trabalho. Freud salientou que era preciso começar a amar para não adoecer e nunca isso me pareceu tão necessário quanto nesses últimos anos. E, com Lacan, tecemos a aposta de um amor que levasse em consideração o real. Uma errância orientada pela causa do desejo, um amor mais civilizado, que civilizasse mais o gozo, que fizesse um certo dique ao odiar. Foram as apostas de Freud e Lacan. Os dois viveram guerras mundiais — Freud viveu uma pandemia,

---

[1] LACAN, Jacques. *O seminário, livro 19: ...ou pior*. Rio de Janeiro: Jorge Zahar Editor, 2012, p. 227.

CONCLUSÃO

perdeu uma filha nela — e seguiram, os dois, na aposta do saber do inconsciente, numa marcha orientada pela causa: a transmissão da psicanálise.

Medeia foi uma errante depois que deixou a terra pátria e, mais ainda, depois que perdeu o amor por Jasão, que ela chamou de seu solo, sua consistência. Passou a andar de um lugar a outro, Iolco, Corinto, Atenas, Tessália, Itália e, depois, deu nome a um povo que habita uma região da Pérsia. Ela erra nos dois sentidos — por um amor desmedido, concretizou uma vingança e cometeu crimes. O outro errar veio com a perda do amor: um amor tão desmedido é um malogro, um insucesso. E pelos relatos mitológicos, não apenas ela errou, Jasão também: passaram a ser dois andantes pelo mundo.

Esse livro já estava terminado, mas acordei hoje, sábado, com uma frase na cabeça: Medeia tem tornozelos bonitos! Passaram-se horas até lembrar que estava na *Teogonia*, de Hesíodo: Medeia, a de belos tornozelos[2]. Isso me veio como um saber sem sujeito, o inconsciente dizendo que Medeia, Aquiles e Édipo podem ser reunidos pelos tornozelos: os de Medeia, belos; os de Aquiles, fatais, e os de Édipo, furados, porque foi pendurado por eles, exposto para morrer. Isso fez seu andar *des*ordenado, *des*viante, *des*toado, *des*engonçado: são eles a causa da condição claudicante do sujeito. Poderíamos dizer que a condição de Medeia é como a de Édipo, mancando na vida? Poderíamos todos dizer *Medea semper sumus*? Somos todos Medeia? E assim, estou no dia de hoje: por que essa fixação dos gregos nos tornozelos? É uma maneira de dizer "todos os homens são mortais"? Ou, então,

---

[2] HESÍODO. *Teogonia*. São Paulo: Iluminuras, 2017, p. 153.

"todos os sujeitos são claudicantes"? Ou, ainda: "é preciso ter uma marcha, ainda que claudicante, que seja uma orientação para o real"?

Essa conclusão está feita praticamente de perguntas; deixo-as abertas, para meus leitores, para o porvir, pois *Medea nunc non sum.*

Este livro foi impresso em novembro de 2023
pela Gráfica Paym para Aller Editora.
A fonte usada no miolo é Quinn Text corpo 10,5.
O papel do miolo é Pólen natural LD 80 g²/m .